사랑받는 꽃

이 도서의 국립중앙도서관 출판예정도서목록(CIP)은 서지정보유통지원시스템 홈페이지(http://seoji.nl.go.kr)와 국가자료공동목록시스템(http://www.nl.go.kr/kolisnet)에서 이용하실 수 있습니다.

(CIP제어번호 : CIP2018011035)

초판 1쇄 _ 2018년 4월 10일
초판 발행 _ 2018년 4월 20일

지은이 _ 박영순
펴낸이 _ 양상구
펴낸곳 _ 도서출판 채운재
주 소 _ 04553 서울특별시 중구 삼일대로 6길 13
       (서울빌딩 202호)
전 화 _ 02-704-3301
팩 스 _ 02-2268-3910
손전화 _ 010-5466-3911
이메일 _ ysg8527@naver.com

값 10,000원

파손 및 잘못된 책은 교환해 드립니다.
저자와의 협약에 의해 인지는 생략합니다.

채운재 시선 84

박영순 시집

꽃으로 살아가는 동안
꽃대 꼿꼿이 세워 사랑받지 못하느니
낮게 앉아 지천을 품고 있는
들꽃 같은 순정으로 살리라
사랑을 받는 꽃은 아름다워라

사랑받는 꽃

도서
출판 채운재

시인의 말

담벼락 수선화도 햇살을 받으며 봄을 열고 있다
청양 정산에 온 지도 삼십여 년째
태어나서 시골 생활이 처음이고 생면부지인 이곳에
잊지 못할 일들이 너무 많이 있다
마을회관을 이용한 임시 근무처는 방 하나에
문을 열면 문지방 앞 연탄을 이용한 재래식 부엌이었다
엉덩이 하나 앉으면 맞을까
바람이 숭숭 들어오는 회관에 책상 하나 약장 하나
옆 칸에 울긋불긋한 상여를 두는 곳이었고
밤이면 불빛 하나 없는 칠흑 같은 어둠과
하루 서너 차례 다니는 버스와
비포장도로의 뿌연 먼지
비가 오면 질퍽하여 신발은 엉망이 되곤 하였다
문화생활과 그리운 사람들과의 단절된 생활에서 오는
외로움을 우편물을 기다리며 달래곤 하였던 것이 엊그제 같다

글을 쓰기 시작한 것이 이십代에 동인 활동을 했으니
벌써 40년이 되었다
내가 시를 쓰지 않았다면 내 삶이 달라졌을 것이고
한때 정신없이 사느라 멀리한 적도 있었지만
힘들고 지쳐 있을 때
시를 쓴다는 것은 친구였고 내 삶의 일부였다
칠갑산에 올라가 훌훌 털어 버리고
근처 모덕사 물가에 앉아
나를 정리해 보는 주변이 있어 더없이 좋았다
자연에 순종하고 인내하며 지혜로움을
배웠으니 얼마나 감사한 일인가

주민들과 울고 웃고 하였던 시간이 주마등처럼 지나간다
삶의 터전인 이곳, 마무리할 때가 되고 보니 좋은 곳이었구나
다시 느껴본다
그동안 더불어 동시대를 함께 하며
시적 감성을 불러주고 배경이 되어 준
주민과 가족과 지인들께 감사함을 전하고 싶다.

海南 박 영 순

차례

1부 사랑받는 꽃

사랑받는 꽃 ················· 12
꽃잎무늬 사랑 ················ 14
적벽강의 여름밤 ··············· 16
참깨를 볶으며 ················ 18
궁리 포구 ··················· 20
물방울 ····················· 22
그의 山 ···················· 24
다기茶器 ···················· 26
살아 있는 석고 ················ 28
공주 산성에 서서 금강을 보다 ······· 30
약속 ······················ 32
신발 ······················ 33
신발의 자취 ·················· 34
그 여자의 그림자 ··············· 36
진악산에 오르면 ················ 38
남은 신발 ··················· 40
가을비 내리는 날 ··············· 41
길 ························ 42
콩깍지 ····················· 44

2부 꽃꽂이하는 여자

꽃꽂이하는 여자 …………………………… 45
꽃 머리 미용실 …………………………… 46
꽃꽂이하는 여자 …………………………… 48
하얀꽃 증도 ………………………………… 50
칸나 女子 …………………………………… 52
상사화 ……………………………………… 54
망초꽃 ……………………………………… 55
호박꽃 ……………………………………… 56
수선화 ……………………………………… 57
목련 ………………………………………… 58
봄날 같은 어머니 ………………………… 60
이웃집 여자 ………………………………… 62
산머루 女子 ………………………………… 64
태풍 그 이후 ……………………………… 66
에티오피아에 핀 꽃 ……………………… 68
우리 집 탄핵 1호 ………………………… 70
호미곶 갈매기 …………………………… 72
그 후 가을 ………………………………… 74
봄비 내리는 밤 …………………………… 75
가을 편지 ………………………………… 76
친구 ………………………………………… 78
가을이 오면 떠나고 싶어 한다 ………… 80
눈이 내리는 날 …………………………… 81

차례

3부 칠갑산 마을

어느 봄날 ·············· 84
산책 ·············· 85
해남리의 아침 ·············· 86
매상날 ·············· 88
동짓날 ·············· 90
안개꽃 ·············· 92
눈이 내리면 ·············· 94
맞고 틀린 것은 없다 ·············· 96
쑥국 같은 날 ·············· 99
마을회관의 하루 ·············· 100
비 오는 날 묻다 ·············· 102
아침 시장 ·············· 104
가정방문 ·············· 106
손수레 끄는 남자 ·············· 108

4부 바람이 부는 날 푸른 편지를 쓰고 싶다

아버지의 입원실 ······················· 112
바람 부는 날 푸른 편지를 쓰고 싶다 ···· 113
새벽 달리기 ························· 114
청소를 하며 ························· 115
비 오는 하루 ························ 116
습관에 관하여 ······················ 118
한솥밥 나들이 ······················ 120
오늘은 ····························· 122
빛 ································ 123
의문疑問의 어둠 ···················· 124
아름다운 것은 ······················ 125
교실 풍경 ·························· 126
정신병동 ··························· 128
종기 ······························ 129
우리 집 달력 ······················· 130
우 짠대요 ·························· 132
11월 ······························ 133
전도하는 과일 ······················ 134
황과수 폭포 ························ 136
굴뚝새 ···························· 138
이름에 대한 서평 ··················· 140
누에의 방 ·························· 142

작품해설- 장희구張喜久 ··············· 144

1부
사랑받는 꽃

사랑받는 꽃

때가 되면 시들지 않는 꽃이 없듯
지고나면 말린 꽃으로나마
벽에 걸어
누군가의 사랑받는 꽃이 되고 싶다

당분간 남이 되어
며칠이고 가슴 미어지는 일이나
꽃잎으로나마
책갈피에 꽂아 기억하고 싶은 꽃이고 싶다

다시 피기 위해
빛과 물줄기를 찾듯
나 또한 인연을 만나기 위해
수없이 많은 나날을 꿈꾸어 왔지 않은가
화려함으로만 그 자리에 서서
향기에 도취한 꽃이 아니었느냐

자갈밭, 골목 언저리
시선 먼 끝자락
홀로 핀 꽃들을 보아라
왜 몸부림치지 않았겠느냐
속을 들여다보면
이꽃 저꽃 눈물 없는 꽃이 없으리

꽃으로 살아가는 동안
꽃대 꼿꼿이 세워 사랑받지 못하느니
낮게 앉아 지천을 품고 있는
들꽃 같은 순정으로 살리라

사랑을 받는 꽃은 아름다워라

꽃잎무늬 사랑
- 벚꽃나무 아래서 -

꽃잎무늬 하늘에 매달고
햇살이 뭉게구름 빗질을 한다

향기 있는 따뜻한 커피를 마시며
지난날 뜨거웠던 가슴을 열어
누군가에게 안부를 묻고 싶은 오후

꽃과 나무로 만나 화려한 열애를 하고
누가 먼저 고별을 했을까
바람과 정분이라도 난 것인가
쿨 하게 작별을 하는 이 나무 벤치에 앉아
영화의 한 장면 같은 옛사랑을 그리워하며
오랫동안 눈을 감아 본다
모든 것이 영원하지 않듯
누구나 떠날 때 말없이 돌아서듯
사랑이 끝나고 나면
남는 건 빛바랜 그림 같은 것
만나고 헤어지는 뒷이야기는 마냥 쓸쓸하다

온전한 사랑 하였으므로
내일을 기약하지 않아도
함께 할 수 있다는
서로의 인정에 대해

허공에 자꾸 나를 비운다
비운다는 것은
다시 올 순정을 위해
순백의 길을 만들어 놓고
하얀 알몸 휘청이며 풀어진 세상에
눈 질금 흩날려 보낸다
제 한 몸 다하는 저 미인 꽃
이 세상이 이토록 아름다운 것은
그래도 잊지 못할 눈부신 네가 있기 때문이다

적벽강1)의 여름밤

따끈한 돌 위 텐트에 앉아
강 건너 소나무 바라보자니
달빛이 내려와 물소리 잠재우고
배란의 다슬기와 밀애를 한다
허리 굽혀 내려 다 보고 서 있는
침묵의 댓가로 주류가 된 소나무
그 사이로 총총한 별빛
일렁일렁 탱고 물결 춤을 추고
넓적넓적한 머리통 같은 돌들
만월의 밤마다 허옇게 빛이 난다

수없이 쌓고 또 무너지고
내일은 제대로 쌓아 마음 추슬러 보자고
돌 하나 던져 본다
물속에 고요히 들어앉아
돌무더기 위에 성벽이 되어
나를 보고 있는 저 돌
정원 경계석으로 가져가 두고 볼걸
동이 트면 찾을 수 있을까
무심코 던진 돌을 다시 만날 수 있다는 것은
얼마나 어려운 일이란 것을

---

1) 적벽강 : 금산 부리면 수통리 금강 상류. 다슬기 나옴

폭우가 쏟아지면 다슬기 등에 업고
아래로만 흘러 둥글어진 제 몸을 끌고
여기까지 왔을
저 속에 단단한 무늬로 다듬어낸 인고의 무늬
두 손에 쥐고 있던 나의 돌을 가만히 내려놓는다

멀리 물길 여는 불빛 하나
달빛과 다슬기 어둠까지 집어넣은 망사주머니
적벽의 밤을 포획하고 있다

참깨를 볶으며

물 먹은 것들이 흩어지지 않으려 뭉쳐 있다
뜨겁게 달궈진 사이가 되면
부둥켜안은 손을 놓는다
배가 통통 불리지면
다시는 잡지 않는 것도
이 안에서도 다를 게 없다

사촌 언니는 올빼미 눈을 하고
까만 밤을 뛰쳐나갔고
어디로 튈지 몰라 망을 쳐도 틈은 늘 있다
어린 나라도 속이 깊었다면
달달 볶아서라도 깨 볶듯 하였을 텐데
그곳을 뛰쳐나간 후
덜 익은 채로 산다는 게
지금까지 그렇게 산다
깨소금 맛을 내는 것은
적기를 알아야 세상살이가 고소름 하다

우리는 깨 털 듯 다 털어야 한다
딸의 카톡, 친구의 문자도
매스컴이나 신문이나
다 까집어 튈 곳 없는
속없는 빈 용기만 요란하다

호독거려도 튕겨 나가지 않는
넓은 것보다 깊숙한 것으로
팔 휘둘러 입맛 댕겨줄 참깨를 볶는다

궁리 포구

물이 입질하고 간 방파제 위
시간을 찌에 걸어
한 바구니 담겨진 하루가
햇살에 누워 있다

물이 빠져나간 포구
스타킹을 벗어
한 여자가 갯고둥을 주워 담는다
담겨진 스타킹은
한없이 길어지는 것이
그 여자가 살아온 생처럼 길고 질기다
누군가와 함께 산다는 것은
간이역 같은 것
집을 등에 업고
평생을 어둠 속에서 살아온
구멍에 역사
외출한 적이 없어
이별이나 작별이 서툴고 어색하다

비릿한 것이
한차례 해감을 하는 갯벌
밀물이 일고 나면
단단한 껍질로 물속에 침잠하고

바람과 단절된 어둠 안
꽁지를 내어주고
바람과 내통이 되어야만
갯 고동은 세상 밖으로 드러낸다
여자가 품고 있는
떠나간 이의 그리움을 흘려보내려
기억의 끈을 이렇게 궁리 중이다
궁리 포구의
짠 사내 같은 갯바람
여자는 팔짱을 끼고
석양을 등에 업고 있다

물방울

물방울은 누군가에 의해
기대어 있다가
제가 필요할 때 소리를 내며
몸을 부딪치기도 하고
세상 언저리의 공중에
매달리기도 하며 살아간다

목욕탕 천정 위에
나의 일부일 것이
수증기로 남아
알몸을 내려다보고
다시 위에서 나를 내리 치고 있다
수많은 물방울은 하수구로 빠져나가고

구르는 것보다 부딪쳐서 떨어지는 것이
무게 있어 보여 좋다
이상하다
또렷한 색깔을 지닌 비늘이 돋아난다

그의 山

그는 산이라 했다
누군가 함께 하고 싶은 날
산에 오른다
오르는 산은 오를수록 벅차지만
절정에 오르는 산은 메아리가 되어
노랫소리 아름답다고 했다
산보다 높은 하늘을 올려 다 보며
정상에 오른다는 것이 세상을 다 포용했다고
순간 사람들은 믿는다

하산하는 길
드문드문 벗겨진 나뭇결은
자신의 상처를 숨기려 하듯
결 거친 옹이를 만들어
이렇게 살고 있노라
내보이지만
깊은 뿌리는 속살 다 드러내 놓고
욕망을 견디지 못해 서로 엉키고 부둥킨 채
모든 것을 다 비어서 가는 이들을
발길로 끌어당긴다

산은 늘 침묵하려 하지만
나무 트는 소리로 엉엉 울기도 하며
비바람에 못다 한
잎새 떨어지는 순간을 기다리는 것일까
그래도 흔들리지 않는 것은
산밖에 없다고
풀어진 세상世上 주워 담으며
옷 벗는 나를
그는 산이라 했다

다기 茶器

며칠이고 공밥을 해주었더니 친구가
청자빛 다기茶器를 선물로 주었다
그 옛날 흔히 사용하지 않았고
모양새가 이상하기도 해서
찬장 안에 넣어 두고 찻잔은
간장 종지나 고추장을 담아내곤 했다
정말이지 손잡이를 보면 그래 보였다
혹여 잡아보면 공연히 간밤의 남편을 떠올리게 되어
어쩌면 의식적으로 피했는지 모른다

팽팽한 풍선 같은 긴장감
나의 욕망만큼이나 부풀린 실제의 공허
오래 은근히 따뜻함을 간직하여 내 안의 것으로
오래 음미하여 품을 수 있는 이 도구 앞에
스스로 담금질하는 기준의 잣대
제 본연의 기능을 다 할 수 있을 때만이
충직히 내 할 일을 다 했노라고 말할 수 있으리

그날 찻잔에 간장을 담은 모습에
참 무식無識한 여자라고
아무 생각 없이 그는 말했으리

그날 밤 오래도록 어두운 하늘, 나무와 별,
달빛 숲을 달렸다

살아 있는 석고

펼쳐진 책갈피 위 나뭇잎이 뚜욱 침묵을 깬다
올곧게 사선으로만 살아온 빗금 무늿결
포식자가 남긴 둥그런 구멍 사이로 딸애가 지나간다
먹잇감을 위해 목숨 걸어 남긴 흔적
우주의 덫 안에서 누구나 몸부림친다
새들도 벌레와 나뭇잎도

내일은 비가 내릴 것을 예보하듯
구름 속으로 낮게 날아가는 새들
구름이 몰고 올 빗줄기가 때론 기다려지듯
그리운 자리 내 허리가 시리다
의자에 감도는 고요함을 흔들고
읽히지 않는 글자 사이로 구름이
안경 유리를 덮고 지나간다

어두운 방 안
나무 상판 벽에 박힌 조도의 흔들림은
하루를 잠 그어 놓고
다가올 날들을 위해 온종일
의자 모양의 살아 있는 석고
동그란 구멍으로 딸의 어록
얇은 책갈피 스치는 소리 들린다

숲속에 혼자 머물고 싶은 오후
딸애를 위해 허둥대는 발걸음
햇살도 벌써 저녁상 차림을 서두르고 있다

공주 산성에 서서 금강을 보다

공산성 저편 팽팽한 오후
햇살을 감은 페달이 물결을 구르고

반죽동 외갓집
외사촌의 방학 숙제가
공산성 쌍수 정에 함께하였던, 저편
사십 년의 강물은 침묵한다
부딪치고 쪼개지며
좁은 물줄기에 합류하면서도
아래로 아래로만 낮추는데
위로만 가고 있었던 걸까

이괄2)의 욕망에
애절했을 두 그루 나무
북향으로 머리 풀고
사무치는 것을
이 강물에 흘러 흘러 보냈으리.
귀환을 기다리는 것은
어찌 이 강물뿐이었겠는가

---

2) *이괄 : 조선 인조시대 인물 인조반정, 이괄 의 난을 인조 반정, 이괄 의 난을 일으킴. 이괄 의 난으로 인조가 공주 산성에 피신

웅녀가 남겨둔
비늘 하나
반짝이는 저녁 햇살을 안으며
삼월의 강물 소리에 귀 기울여 본다
금강을 내려다보며

약속

가슴에 꽃다발을 안고
종종걸음으로 가고 있는 그녀는
네온사인에 눈이 부시다

초대받고 싶은 저녁
가슴에 별빛이 쏟아지고
누군가를 위해 쓰여 질 꽃은
생애 처음으로 기쁘다 못해
고개 들어 함성을 터트리고 있다
즐거운 합창을 하고 있는
안개 다발과 붉은 장미
두근거리며 기다릴 그 사람
참 행복하다고
스커트도 울렁이는지 춤을 춘다

촉촉한 저녁
철문 위, 입술을 다문
비밀의 잠금 통은 낮부터
잠을 잔다
초인종을 누른다
한눈을 감고 열쇠 구멍을 드려다 본다
어둠이 목을 휘~ 감는다.

신발

헐렁해진 하루
늦게 귀가할 때면 팽팽한 신발은 말한다
훌륭한 하루였다고
발을 씻으면서 오늘 있었던
오고 가고 다녔을 이야기에 대해 함구하면서도
따뜻한 물에게는 부드럽게 속삭이기도 한다

흩어진 신발을 제각기 바로 잡을 때
숱한 사연이 묻었을 거라는 생각을 하면서
애써 감추려 드는 일상

유심히 왼 측 편만 닳아지는 것이
세상을 바라보는 편견이라고
확실한 증거일 거라고 다져 보지만
왠지 그러기에 내가 너무 슬퍼진다
굽은 닳고 닳아 둥글어지는 것이 전부가 아니듯
기울어진 균형으로
내일은 다르게 길을 걷는다

긴 선을 따라 박힌 발자국들
사연 제각기 다르나 가는 길은 같다
닳지 않은 다른 편 굽을 위해 평행선을 걷는다.

신발의 자취

화려한 외출을 꿈꾸는
운 좋은 날 행해사가 되는 두 척의 배
평생 짝이 되어
거꾸로 돌아서는 적도 없다
하염없이 기다리며
소상한 이야기까지 모두 담아
비밀 통을 채우는 것도
내내 그렇게 배워왔다

음악을 찍거나 형광 색깔로 한들
종적을 뒤집을 수 없는 것
누구도 기억의 칩을 부착하지 않는다
밑바닥에 살아
올라가면 생을 다한다는 것
더는 내려갈 곳도 없는
목숨 부지 할 때까지 그만큼만 하면 되는 것이다

청춘 시절
하얀 돛을 올리며
출렁이는 낭만을 찍거나
약속이 어긋나면
성질 사납게 굴어도 함께 만 하면 즐거웠다
직장에서 혼쭐이 나고 승진이 탈락하여도

뒤꿈치 들며 뾰족한 나를
상전 대하듯 하던 시절이 있었다

비명에 놀라
느리게 땅에 닿는 자국들
바닥에 닿을수록 안전하듯
낮은 배들은 드문드문 외출하거나
머물러 있기를 좋아해
빼곡한 신발장 안
석양을 바라보며 휴식을 하고 있다

그 여자의 그림자

긴 생머리 팽팽한 시절
그녀 뒤에 그림자 줄곧 끊이지 않았다
글 쓴다고 껍쩍거리고 다닐 때
징글징글하게 이십여 년을 딱정벌레로
그녀 몸에 들어앉은 그림자 하나
바람 부는 날 친구 가족 세상 것 다 싸 들고
머리 깎고 법문 펴고 앉아 있다
부처도 불경 소리 놓은 지 한참
간간이 졸음을 쫓는 절간 목어의 실루엣뿐

제 숨구멍 트였구나! 짹각짹각 봄날은 가고
오늘도 삼식이 남편 낙지발에 감길까 줄행랑한 인숙이
별명이 센스 미녀 경선인 아들 구직으로 골머리를 앓고
일생이 무늬로 남은 거뭇거뭇한 얼굴들이 모여
제각기 밥그릇에 담겨 있는 그림자
식당 안은 왁자지껄 하다
해가 달그락달그락 밥숟가락 소리에
황급히 일어서거나 늦었다고 제 그림자 밟는 일도
다시 법문 덮고 들어앉을 한켠 호락호락 내어 주지 않는
그녀는 속 내어준 목어의 실루엣이나 그리움도
잊은 지 오래다

돌아오는 눅수룩한 골목길
담장 너머 막 파마를 한 찔레꽃이
가로등의 구애를 한 몸에 받고 있다
절반이나 빠져나간 그녀의 달빛만이 앞을 질러갈 뿐
달빛이 따라와 문을 열고
둥글게 꼬리 말고 문 앞에 쭈그린, 온종일 이렇게 있었을
아뿔싸 이제야 알겠다
땅에 뿌리내려 산다는 것
기다림의 연속이란 것을

진악산에 오르면

수줍음이 많아
위로만 향하고 있는 나무 잎새들
수리넘어제 다래, 도구통 바위 밑 넉줄고사리 , 족실 둥굴래
모두를 난 친구라 하겠네
구름 아래
인삼밭 옆 그 길은
꽉 찬 조갯살처럼 허옇게 혀를 내놓고
계곡과 계곡은 깊고 푸른데
그 계진리 서당골 부처손3)
길가 바위에 앉아
오므렸다 폈다 부처처럼 쏙 꿰뚫고 앉아
다시 사랑하지 않겠노라
눈물짓는 이에게
한쪽은 접어야 절반으로 살 수 있다는
큰 뜻, 오오 이만한 것이 있으랴

금산 진악산4)에 가 보아라
거기에 서서
수십 년 인삼 일구며 살아온
푸른 지붕들

---

3) 부처손: 여러해살이풀. 땅속줄기가 땅속이나 이끼 사이로 뻗으면서 비늘 같은 잎으로 덮고 끝이 땅 위로 나와서 바위 겉에서 곧추 자란다.
4) 진악산: 충남 금산군 계진리에 위치한 산

삶의 고단함도 이기며
이끼긴 얼굴로 지켜온 진악산
서로를 강요치 않고 떠나고 싶으면 언제든 떠나라
산이 원하면
마음 추스르며 적벽강을 바라보며 기다리라
흐르는 것은 거역할 수 없나니
친구라 말한 모두를
진악산은 사랑하리니, 그리하리니.

남은 신발

다 보낸 줄 알았는데
신발장 검정 비닐 속
풀어진 생을 붙잡고 있는 듯
묶인 끝이 풀리지 않는다

내 다 버릴까 하다
이마저 지우면
떠나보내는 미안함에
다시 그 자리

늘 짝이 같은 건 아니다
짝이 안 맞는 건
두툼한 양말을 신고 맞추면 되는 걸
팽팽한 신발로 살아온 기억

댕겼다 풀어 주는 연줄 같은
기울기 꼭 잡고 있는 저녁

가을비 내리는 날

뒤꼍 부추 된장 넣고
부침개 부쳐 귀촌 아줌마
수다 떠는 재미 쏠쏠한데
가을까지 한양 따라간 며칠
턱 고이고 창밖을 보자니
비 세차게 내리는 것이
허리끈이라도 잡고 있는가 보네

볶은 커피를 휘둘러 갈고
홀짝홀짝 마시는 것이
비 오는 것보다 더 쓸쓸함에
새초롬해진 감상에 차올라
누구에게 전화할 곳을 찾다
카톡 카톡
밸리댄스를 하는 여인
노란 드레스 아줌마의 노출
간호대학 친구의 배꼽을 보고
웃음이 나와
비 오는 풍경을 벗어나 오네
가을이 가기 전
만나기로 약속하고 늦가을 내려놓네

길

오후, 한낮
길을 걷노라면
보이지 않는 모퉁이 끝
편안함을 주는 것이 가끔 멈추고 싶다
길과 하늘이 맞닿은
그곳에 가 보면
가야 할 길이 있고 멈추어야 할 곳이 있다
끝이 보이지 않는 그곳에
햇살이 지나간다
주머니 속에 넣어 둔 바람도
세상에 내어놓으며
비우는 연습을 하고 있다

하루에도 여러 번 갈아엎기도 하며
발바닥을 길에 맡기고 난 저녁에도
화려한 식탁에서도
멈추지 않고 통화 중이다

길을 나서며 묻는다
설령 잘못되었더라도
그렇다고 돌아오는 노상에서 고개 떨구지 말자
여러 길로, 또다시 만나기도 하며
서 있는 이곳이 시작점임을

나를 안내하였던 선을 따라
다시 곧게 걸어간다

콩깎지

주머니 속에서 두 손을 잡을 때
후루룩 입안이 뜨거웠다
바닷가 펄에 주저앉아
진흙이 너덜너덜해도
소금 빛 하얗게 보였다
주변이 기를 무릎 쓰고 오물거려도
그럴수록 간격은 좁아져 갔다

밀물이 밀려들 때
짠물이 발에 젖어
나 살려라 뒤 돌아보니
나보다 멀리 찍혀 있는 발자국

왼쪽 눈을 찡그리는 버릇이
왠지 헐렁해 보이는 지금
아! 밀물과 썰물이 부딪치는 소리
해안가에 조개껍질과 거품만 무성하다
꿀꺽 바다가 석양을 삼켜 버린 후
한 컷 파도가 잠잠해졌다

2부
꽃꽂이하는 여자

꽃 머리 미용실

아침을 묶어 놓은 안개도
간밤 부스스한
김양의 까치집으로 들어간다

천장 줄에 매달고 옴짝달싹 못 하는 행복 의자
불황에도 늘 만석이다
정수리 위쪽은 노란색 아래는 붉은색
청춘은 색감도 당당하다

생계를 위해 뛰어든 지 십오 년째
동생 학비까지 책임지는
쩍각쩍각 날 선 봄날까지 복리 적금 불린다
루트 2번, 삼십분 후 중화제, 오분 후 샴푸 하셔요
가르치는 자의 톤은 묵직하고 사무적이다

길어야만 하는 생을 싹둑 자르는 것
지내온 시간을 반 토막 치는 일은
최고의 수위 높은 감정사이다
조금 전까지 전신이었던 것들이
바닥으로 흩어져 있고
긴 것은 그나마 백화점 진열장
토르소 위에 올려져
중년의 우아한 비밀을 기다린다

김양의 머리 위, 나비 한 마리
벌써 왕벚나무꽃을 호객하고 있다

꽃꽂이하는 여자

선미촌5) 실루엣 같은 그녀와
닮은 포즈를 하고
금방 터트릴 것 같은 눈방울로
쇼윈도 안은 불빛이 가득하다

싱싱 합니다
오늘 첫 손님입니다
제 몸을 부르르 떤다

꽃무늬 원피스를 입은
빙글빙글 돌리는 것이
습관인 그녀가
지불한 축복에 감사하며
가슴 한가득 안고
양산 위 햇살까지 돌리고 있다

가지런히 아래가 벗겨진 발들이
고추 서 있다
붉은 입술을 한
45도 각도의 여자가 넘어질 듯
첫 손님이 너였지
내 몸에 상처를 알려고 하지 마

---

5) 선미촌 : 부산 집창촌

벗겨진 옷들이 어지럽게 쌓일수록
빽빽이 농염은 짙어진다
상처를 어루만져 줄
마지막 손님을 기다리는
탁자 위 바구니
긴장한 햇살이 탱탱하게 부풀어 있다

하얀꽃 증도[6]

물끄러미 의자에 앉아
입안에 언어를 말리는 일
며칠이고 소일한다는 것에
소나무 숲들은 경계를 하는 듯 적막하다

싸 들고 왔던 일상들
푸른 바다에 펼쳐
멀리 흘러가길 바라지만
기다리는 난파처럼 그 자리에 떠 있다

사람들이 털어 버리고 간
기쁨이나 눈물방울까지
반듯한 판 안에 담은 바다의 기억들
나도 그 속에 들어가 절어진 내 삶을
다시 정제된 하얀 알갱이로 남고 싶은 이곳
바다를 닮은 별들이
어둠을 토닥여 주고 있다

---

[6] 증도 : 신안군 증도면 위치한 섬. 육지와 교량으로 연결되어 있음.
   소금 최대 생산지

안수에 손길 같은
머리에 쏟아지는 별빛
망망대해 푸른 깊이를
늦은 밤까지 등의자에 앉아 헤아려 본다
간밤 함께 하였던
해송 가지 위, 간 절은 꿈들도
바람에 흔들고 있다

칸나 女子

일터 주변 사람들은 나를 보고
정이 많고 소녀 같기도 하고
간혹 차가워 보이기도 하고
엉뚱한 데가 있기도 하고
일을 찾아서 하는 여자
또 뜨거운 태양 볕에
불같은 사랑을 하는 여자이니
이런 것을 빼버리고 나면 무엇만이 남아 있을까

넓은 가슴 싸안아 줄
부러지지 않는 잎이 필요하니
마르고 키가 후리후리하나
숱이 적은 꽃은 싱거워 보여 싫고
키가 크지만 숱이 작은 꽃을 가진 것은
무서워 보여 싫고
덩치가 크면서 꽃잎도 큰 것은
천해 보여서 싫고
약간 작달막 하지만
희고 약해 보여지는 야성적인 것을
나는 이런저런 이유가 많아 모두 피곤하다고 하나
세상 이유 없이 사는 것은
선택을 잃어버린 것과 같으니
집착은 아니 되며 관심을 적당히 내보이는

절제 있는 피곤함을
조금씩 조금만 전할 줄 아는 것
사람들 속에서 견제할 수 있는
고집을 나는 좋아한다
이런 칸나를

상사화

산책을 하다
그냥 지나 칠까
목 길게 하고 웃고 있어요
조금만 기다리면
치마 입은 그 자태 더 고울 텐데
보고 싶은 마음에
꽃이 피고 나서 이제서 알 것 같아요
내가 해 줄 거라고는 웃는 것밖에 없으니까요
이담에 만나면 긴 목에
손수건 징표로 달아 놓아야겠어요

바람 부는 늦여름이면
애증과 사랑을 혼돈 하는 날도 있지요
사랑은 아무나 하는 것이 아닌가 보아요
사랑은 줄다리기 같으니까요
누가 알까
가슴만 터진다니까요
기다림에 큰 눈망울 아래로 떨구고 있어요
만나고 헤어지는 다반사 세상에
이런 네가 부끄러워요

망초꽃

바람이 일면
나팔 소리 들리는 고향으로
돌아가고 싶습니다

호박꽃

칠월의 호박꽃은
이를 다 드러내 놓고
이웃과 넝쿨져 살아가는 것이
세상살이 즐거워한다
헤프게 웃고 있어
상처도 수없이 받아
내 안의 힘으로만
누런 박을 매단 채
스스로를 절제하고 있구나
둥글게 사는 동안
내 탓이라고 삭히고 삭혀
혀끝에 단맛을 내는구나
마디마디 생의 끈 묶어 놓고
허리끈 질끈 이웃을 위해
대문 끝, 금줄을 널어
내 것은 네 것 너것도 내 것
그래 그래
합창하며 월장을 하는구나
뜨거운 태양이 지면
한차례 서리 볕에 더 단단해지는
겉으로 노랗게 웃고 있지만
참고 있다는 것을
깊은 속, 칠월의 햇빛은 알고 있구나

수선화

푸짐한 상위에
노란 옷 입혀 지단을 부치고 있는 봄볕
바람이 한 움큼 축의금 놓고 간다

쭉쭉 빵빵한 몸매에
둥그런 눈 껌벅여도
둥근 식탁에 모여 함께 사는 동안
흔들리는 그 속내까지 안다

탱탱하고 뽀숭숭한 가슴
깊은 알 속까지 열애 중이다
수줍음에 고개 숙여
담벼락에 맑게 웃고 있는
조카 박선화가 시집가는 봄날
꽃잎마다 현을 켜고 있다

목련

서로 만나 벽을 허물 때
둘 사이는
점화된 불꽃이다

함께 하여 빛이 나고
기다리는 것도
소등이 되어서야 알게 된다

메마른 등줄기
조금 굽었더라도 우아한 것은
아래를 어우리는 눈빛
봄날이다

봄날 같은 어머니

장롱 지갑 속에 둔 만 원을 잃어버려
아버지가 오늘도 도둑이 되었습니다
도둑놈하고는 살기 싫다고
막무가내 우리 집에 오셨습니다
봄볕 반짝이는 유리창을 보며
밖에 눈이 내린다고
뒤꼍 빨래 걷어야 한다며 빨리 집에 가자십니다

어제도 고추장 담글 설탕을 잃어버려
도둑년이 된 며느리는 울었습니다
코다리를 자르는데
어머니는 민속촌에서 사 온
대장간 식칼이 잘 든다고 하십니다
오래되어 언제인지 다들 잊어버렸지만
어머니만 기억하고 계십니다
신기합니다
부엌 서랍장에서 돈과 설탕이 나왔습니다
순재 엄마가 가저다 놓았다고 화가 나셨습니다
슬그머니 며느리는 자전거 페달을 밟으며 내 달립니다

순재 학교 갔다 왔냐고 하는 날은
과일과 호박 젤리를 마음껏 먹고
하늘로 간 삼촌이 되어
공부 안 해도 좋은 날입니다
옆에 바짝 붙어 있으면 누구도
꼼짝 못 합니다
오래 살아 내 편을 들어 줄
우리 집 대장입니다

봄볕 사이로 구름이 지붕 위를 오가며
어머니 얼굴에도 비쳤다 가렸다 합니다

이웃집 여자

테라스 둥근 탁자에 앉아
과일을 먹거나 화장을 하는
그녀의 아침
햇살이 우물쭈물하는 사이
나뭇잎 하나 창가에 기웃거리고
테라스 둥근 의자는
햇살이 몰려와 벌써 자리 잡고 앉아 있다
둥글둥글 모여
이른 아침부터 수군수군
간을 칠 이야기가 있는 모양이다

전화벨이 울릴 때마다
집안의 모여 있는 공기는
침묵을 한다
또렷한 눈동자와 붉은 입술을 하고
간지러운 그녀는
자기 발톱으로 얼굴 비비고
꼬리를 흔들기도 하며
털었다 접었다 하는 모양새가
여전 배란의 암고양이다

사과를 먹은 햇살이
불룩한 배를 쓰다듬고 햇살을 빗질한다
고운 머릿결이다
간밤 그녀가 탁자에 앉아
쪼물닥 거렸던 시간은 어디로 간 걸까
뭉쳐 있는 공기가 성큼 걸어 나온다
같은 부류가 아닌 것은 틀림이 없다
베란다 유리창 안
화장을 한 여자가 앉아 있다

산머루 女子

독거노인獨居老人 방문 날이라서
오오 이렇게 동무가 있어 가는 길
외롭지 않거늘
산간 서쪽 밭이랑 눈이랑 돌아 비켜 설 때
살짝 눈에 띈 산머루가 붉은 입술 벌리며 말하길
여보게, 자네 들고 있는 가방이 무거워 보여
그 속에 무엇이 들어 있나
같이 품을 수 있는 거라면 가벼이 하이, 아니면 같이 훔칠새
이 소리에 다람쥐 먼저 달려와
상수리나무 가지 흔들고 시샘하는데
오시는 발걸음 사박사박 처용이 하던 데로
모양새가 닮은꼴이라
문풍지 흔들리는 가랑잎 위로 눈 내려 쌓이고
한없이 해도 흔적 없고   알아주지 않는 썰렁한
나의 이 일감들을
산머루, 다람쥐, 엉겅퀴 자네들은 알고 있으리
등 따스이 아궁지에 지필 삭쟁이 가지 있으면
이 추운 한파에
모진 목숨 견딜 수 있는 우리 등 휘신 노인들
영양제 하나로 묶은 것 씻으려 하니
못난 이 사람 그런데 왜 악! 악 소리 내고 싶으니
거칠거칠한 두 손 쓰다듬고 보면
누가 세상에서 혼자라고 그러더냐

시래기 나부끼고 바람도 비껴가는 삶 속에
함께 하는 것이라는 것을
자네, 산머루 붉은 입술로 나를 유혹하지 말게나

태풍 그 이후

탁주 집 처마 밑에 둥그런 새집 하나
젓가락 장단 모아 촘촘한 밀실을 걸어 놓은 지 칠 일째
치마저고리 차려입고 마을을 다녀온 어머니
저녁 내내 텃밭 수수잎이 대신 울어 주었다
이불 속에서 난 실눈을 뜨고
알전구 아래 밤새 묵주를 쥐고 있는 석고상을 보았다
버짐 핀 대숲에서 꼿꼿한 바람이
대나무 서걱이는 소리로
내 고막을 후벼대는 초등학교 일학년 즈음
탁주 집에서 본 여자
대청 앞 사랑방에 들어앉아 담뱃대 두드리고
간장독 안 햇살은 서슬에 놀라
귀퉁이에 웅크리고 반쯤 숨어 있었고
저녁마다 군불을 지핀 따뜻한 물을
놋대야에 들이고 나면
지난밤 방바닥에 펴 놓은 젖은 기억은
밥상 위에 올려져 앞치마로 연신 훔쳐내고
문지방을 넘어서는 발걸음은 그늘을 밟고 있었다
앞마당 빨랫줄에 앉은 새들은 눈치도 없이
낯선 손님이 누구냐고
웅성웅성 자리를 떠나지 못하는 것이 궁금한 듯했고
외상값 안 갚아서 오신 거라 했다
우리 집 태풍은 봄이 오기 전
새들과 함께 바람에 실어 날아갔다

오늘 아침 딸네 집에 오셔 놓고
니 아버지하고 헤어진다고
공들여 자신이 쌓아 놓은 허공과 말씨름을 한다
해가 뉘엿뉘엿 하루를 툭툭 털어 빗장을 걸면
니 아버지 밥 굶는다고 집에 가자신다
볼라벤보다 무서운 태풍이 이만하랴
태풍을 앓는 어머니가 마른 명태로 박제되어
내 가슴에 드러누워 있다

에티오피아에 핀 꽃

-짐마 로즈-

커피나무 잎에 이슬이 맺혔다
간밤 우려진 쓴맛의 기억을 아는지
나뭇잎들은 그저 서두르지 않는다
다만 맺힌 한 방울까지 동이 트기 전
태양께 조아리며 하루를 시작한다

거리마다 두건을 쓴
여왕을 닮은 꽃들
염소는 그날 일들을
내장 속에 담아 석간 같은 따끈한 콩을 뽑아내고
노상엔 태양도 불쏘시개 되어 커피를 볶는 여인들
풍요로움이 이만한 곳이 있을까

둘둘 마른 치마와 두건
장미 무늬가 가득하다
꽃잎도 향이 난다
커피를 배달하여 마시는 가짜 꽃들이
차 안에서 향을 훔치고 있다
화려하고 무성한 꽃도
영혼이 담긴 이 꽃과 어찌 같을 수 있을까

축복의 땅
호수 같은 눈빛 시바 여왕의 나라
그날을 기억한다. 짐마 로즈[7]

---

7) 에티오피아 짐마 : 아프리카 대륙 동쪽 돌출부에 있으며 짐마는 남서부에 위치한 커피 원산지, 커피 맛은 시고 쓰다
로즈 : 에티오피아에 있는 붉은색 꽃. 속칭 장미라 말함

우리 집 탄핵 1호

가족 중 옹고집이 누구냐고 가르키라면
우리 집은 순식간 목표로 선택되는 자가 있다
늦게 들어오면 엉덩이 뒤로 대고
얼굴을 모른 체하는가 하면
심술이 나면 주변을 흩어 놓고
동물농장 프로그램을 소리 내어 보며
채널을 돌리면 노골적 싫어하는 것은 물론
최순실 사건 청문회를 보려고 해도
맛있는 과일 공세를 하고
그 틈에 채널을 돌리는
소파에 앉아 왕자로 등극한 지 오래다

모사모사 얼굴을 맞대어
거실에서 현관으로 거처를 옮기기로 하였고
웬걸 눈치 백 단이며 청각이 뛰어나
꿈쩍 않고 시간 끌고 버티고 앉아
다들 지쳐서 갔고
이 일이 있고 난 뒤
입에 물건을 물고는 무관심하면 내려놓고
눈길을 주면 냉큼 물고
우리에게 시위하고 있다
버릇 하나 늘어 난 셈이다

퇴근 후 돌아오는 가족은
발걸음 가볍다
가슴까지 파고들며
몸뚱어리 뒤집어져 가며
반가워하는 탄핵 1호 똘이
그 녀석의 무기는 애교이다

호미곶 갈매기

일제히 일렬로 서서
바람이 막 훈시 중이다
눈치 빠른 아침 햇살은
갯바위를 따끈하게 데워 놓고
꾸중 들은 오늘은 조신하게
푸른 창공을 펴고 앉아
쏴아 수난 곡을 듣는다
하늘을 향해 간구하는 손끝에 앉아
한 커트한 컷 몸을 내어 주기도 하고
오랫동안 접고 앉아 기다리는 것에 대해
바람에게 무수히 배웠을 것이다
더러는 구름과 교제를 하거나
파도 여행을 할 때
높이 날며 소리를 내는 깊은 속내에는
뭍에서의 기억을 푸른 바다에 날려
자유롭게 비상하고 싶었을지도 모른다
수억 만 년 내려온 뿌리 방에
하얀 생리를 하며 빈혈을 앓기도 하고
지난밤 사람들이 놓고 간 해안가 상처들을
간 절어 짭조름한 눈물방울까지 물어와
수평선에 펼쳐 놓고
팽팽한 햇살에 다림질하며
육지를 향한 그리움 다 버리고

은빛 포말을 말고 갯바위에 앉아
저만치 걸려 있는 내일을 촘촘히 끌어 올린다

그 후 가을

스물일곱 그해가
마지막 가을이라는 것을 그때는 몰랐다
그 가을은 핑크빛 도시였고
헐렁이는 회색 바바리 깃을 올리고
짙은 커피를 홀짝거리며 마실 때만 해도
릴케를 만나고 베토벤과 속삭이고 있었다

그 후, 까맣게 잊어버렸다
잘 짜인 생음악을 듣고 있었고
다시 십여 년 후의 가을을
빗속에서 깨닫고 있었다
잊어버리자, 잊어버려
잊어버려야지
이제 시작할 수 있는 거야
지독히 미친 여자가 되어
커피 대신 안주 없는 소주를 홀짝거렸다
찔끔거리는 소금 꽃을 피워가며

그 후, 된서리에 가을은 깊어가고 있었다

봄비 내리는 밤

조경 등 불빛 아래
봄비는 내리는데
묵주 양손에 쥐고
한낮 종일토록 무엇을 간구하는지
더한 고통을 이겨낸 어머니는
내가 힘든 것을
당신이 더 감내하고 있다는 것을

비가 내리면 마루 끝에서
다디미 방망이로 빨래감을 두드리던
당신을 다스리고 있다는 것을

은빛색 쑥버무리를 싸주던
봄날 같은 어머니
당신이 있기에
봄비 내리는 이 밤에
단단해지는 생명의 끈을 붙잡고 있음을

봄비 내리는 밤
봄비 같은 당신을
난 중년이 되어 이제야 알았으니

가을 편지

바람 부는 가을엔 한 줄 안부를 적어 보세요
붙이지 못할 편지를 쓰더라도
마음에 위로가 될 테니까요

외로울 땐 뒹구는 낙엽을 밟아 보세요
바스락 소리에 바람이 깨어나
친구가 되어 줄 테니까요

잊혀진 사랑은 소중하기에
지난날을 떠올리지 않아요
그래도 그리웁다 생각되거든
내게 좋아한다고 속삭이세요
나를 사랑하게 될 테니까요

떨어지는 낙엽이 쓸쓸하다 말하지 마세요
공허하거든
책갈피를 열어 시 구절을 읽어 보아요
이렇게 가슴 따뜻한
시월에 태어난 나는
천상 가을 여자이니까요
계절이 깊어지면

낙엽이 편지가 되어 줄 테니
가을이 기다려져요

친구

사람을 평생 간직하고 산다는 것은
이 보다 좋은 행복은 없다
지척에 살면 더 좋겠지
비가 오는 날 부침개 부쳐 수다 떨고
눈이 오면 호호 만두 빚어 한 그릇 가져다주면 더 좋겠고
힘들고 어려울 때 쪼르르 달려와
내 일인 것처럼 아파해 주는 그런 것

내겐 이런 친구가 있어 행복하지 않은가
복숭아밭 한해 농사지으며
잘 살고 있다고
매년 좋은 것으로 택배 안부 묻고
딸 셋을 사립대 보내 얼마나 쪼들렸으면 땅을 팔았을까
난 그걸 받을 때마다 목이 메여
여러 사람과 함께 소중함을 나누었지

내 삶과 달랐으므로
고상한 대화를 나눈 적도
여행 한 번 함께 한 적도
일 년에 한 두번 볼까
작목반을 떠나지 못하는 친구

결혼 날 몸종처럼 있어 주었고
그 후로 인사도 못 하고
버스 몇 대 없는 오지 발령 가며
비포장 뿌연 속으로
새 날갯짓 파닥이며 내 발등만 보고 살았으니
결혼한 것도 수술한 것도
심지 깊어 알리지 않은 친구여

예순 나이가 되니 이제야 알 것 같네
세상을 살아가면서
털 보숭숭한 복숭아처럼
너로 부터 보호를 받았던 거야
고백하건대
조치원 지날 때
새 눈물 질금거린 적도 있었다네
친구여 이제 여행 한 번 가자구나

가을이 오면 떠나고 싶어 한다

가을이 오면 모두 떠나고 싶어 한다
무더웠던 여름을 보내고 나름 쉬고 싶은 거지
산으로 거리로 다 빠져나간 빈집
간밤 묵은 먼지 털어내려 창문을 여니
단풍잎들은 턱밑까지 몰려와 웅성거리고

마당 벤치에 앉아 있자니
사방이 다 산일세
오, 이만한 가을 여행이 어디 있는가
낙엽은 내 무릎까지 내려와
시린 발목을 어루만지네
햇살을 잡아당겨
차 한잔 마시는 오후 한낮
가을 햇살에 가슴 따뜻하다

눈이 내리는 날

깨알 같은 안부 적어
머리 숙여 밀어 넣고
떨어지는 가득함을 짐작하며
빨리 전해주길 바랐던
그 우체통을 지나자니
지난날이 허기로 밀려오네
부촌칼국수집 국수 한 그릇 후루룩
김 서린 안경을 벗으니
이제서야 친구가 떠 오르네

핸드폰 누르니
이 번호는 없는 번호입니다

유리창 밖 함박눈이 턱밑까지 내리는데
그래 친구야 막 전화 받았어! 잘 있지
하늘이 참 따뜻해
쏟아지는 눈송이가 친구 같은 날
칼국수집 양철지붕 위 눈들이
나를 통째로 덮고 있네

3부
칠갑산 마을

칠갑산 마을 1
- 어느 봄날 -

어느 봄날
칠갑산을 오르다
시린 발목 내민 작은 나무에 걸려 넘어졌네
신발은 저만치 벗겨져서
봄날도 내 발목을 잡는구나 생각을 했네
한 참 앉아 연산홍 봉우리 들여다보니
옆 켠 참상수리 나무
산은 흔들리면 안 된다고
우직이 앞만 보라며 웃음 짓네

돌아보면 지난 삶들을 들추어
곰곰이 상수리나무 밑에 묻고 온다네
내가 묻어 둔 유적들이
알통 뿌리 저 아래로 박혀
지난겨울 나뭇잎 덮고
이제 푸른 옷 입고 맑은 산소를 내고 있다네

칠갑산 마을 2
- 산책 -

햇살을 앞세우고
가지만 남은 벚꽃 나무 산길을 걷는데
숨은 턱턱 발자국을 찍고
한 달 만에
집 밖을 나온 똘이는
뒷다리 들고 나무 밑동에 오줌을 찔끔거리며
잘도 오르고
중턱쯤 지인을 만나
벤치에 앉아 근황을 묻고 있자니
손에 과자를 든 아이를 따라 내려가고 없네
먹을 것을 보면 생사 안 가리는 것이
집 나와서 주인을 버리네
내가 너를 따라다녀야 되는 거지
같이 가자 똘, 똘이야 외치며
허둥지둥 내려오니
주차장 차 앞에 주춤거리고 있네
에고 귀여운 것
벌써 산 그림자
오후 배경을 반쯤 비추고 있네

칠갑산 마을 3
- 해남리의 아침 -

전원에서 누릴 수 있는 호사는
눈을 뜨면 창문 밖의 새소리
잠을 설친 날은 투우사의 월터루 전쟁 곡으로
회의가 있는 날은 동물의 사육제
때론 무반주 바흐 곡으로

매일 다르게 이끄는 새들은
빛깔도 청도 다르듯
맑고 메조소프라노 나름의 음률이 있다

창문턱에 해가 기웃거리면
급히 찢어대는 것에
한 움큼 먹이를 주고 나면
힘차게 일터 구름 속으로 날아가고
언제부터인가 친구까지 몰고 와
온몸으로 유리창에 부딪혀
왔노라 선잠을 깨우는 해남리의 아침

새 대가리가 아니었네
이렇게 내 일상에 들어와
이유 없는 섭정이 시작되었고

지루하거나 밋밋한 날이면
공중으로 날아간 새들이 궁금하다

집을 비우고 며칠
하얀 펜스 담에 줄지어 앉아
일제히 창문을 바라보고 있는 해후의 아침
어휴, 숨 가쁘게 감사하다

칠갑산 마을 4

– 매상날 –

벼 매상 자루를 싣고
구불구불한 길 위로
안개의 안내를 받으며
경운기가 가고 있다

새와 메뚜기 오소리로부터
오롯이 들판에 서 있을 수 있던 것은
반은 햇살과 허수아비가 도와준 것이라 말할 수 있다

태양에 조아리며 지켜온 일 년
학비에 보태거나 병원비로 요긴하게 쓰여
내 할 노릇을 다 한 벼 한 톨
참 보람 있는 생을 산다고
포대 자루 속에서 흐뭇해 할 것이다

줄어든 매상 할당으로
운전대를 잡고 가는
아저씨의 어깨가 낫 모양으로 휘어 있다

주머니가 두둑한 것이 얼마 만인지
허름한 바짓가랑이 사이로
바람도 발걸음 재촉한다

칠갑산 마을 5

-동짓날-

팥죽 먹으러 오라는
소나무에 매달린 앰프가 유리창을 흔드네
날이 사나워 삼분 지적을
목도리, 장갑 두르고 나서고
동치미에 팥죽 한 그릇
어르신들 손맛 감탄이네

인구감소로 친인척 전입하라는
일등 하면 인센티브 일백만 원
이장님 할당 떨어졌다 걱정하시네
귓전에 흘리며 회관을 나서는데
우체부 아저씨 부릉부릉
등기입니다 사인하셔요
등기는 늘 중요한 것
빠르게 사각 누런 봉투를 열어보네
도안대로 재개발 주민 의견 청취 열람 공문
십 년이 넘게 이제나 저제나 애물단지
도시주택과 전화하여 보네
주민등록을 옮겨야 하는구나
내 대신할 전입자가 필요하네

전화통 붙잡고
몰타에 가 있는 조카와 그 아들
아버지 세 사람 동의받아 놓고
딩똥땡똥 "민원실 팀장님"
폰 통화 중이셨네요
유구에 아귀찜 잘 하는데
저녁 여섯시 삼십분 집 앞에 나와 계셔요
노처녀의 짤막함
긴 밤을 보낼 동짓날을 아는가
날 찾는 이 있어 동짓날 의미를 가져 보며
유구 가는 고갯길 험한데
무심히 창밖을 바라보네

칠갑산 마을 6

- 안개꽃 -

그리움에 눈물이 날 때
하얀 안개꽃을 사고 싶다
자잘한 꽃다발 속에
지나간 추억이 있기 때문이다
그 속에 장미꽃 하나 꽂아 보면
조연으로 더 아름답고
만나고 헤어지는 일도
원치 않는 주연으로 남아 가슴 울컥해지기 때문이다

작별을 고한 자도 가슴앓이를 할까
막다른 길이였을까
남은 삶을 위해
모든 꽃은 꽃대 지키지만
안개꽃은 꽃대 없이도
사랑을 받을 수 있는 것은
안개처럼 희미한 옛사랑이
질척한 날에 떠오르기 때문이다

겨울비 오는 날
잊힌 것은 잊혀진 데로
그대로의 아름다움으로
안개꽃 한 다발 가슴에 안고 있다

칠갑산 마을 7
- 눈이 내리면 -

하얀 눈이 내려와
산 밑 지붕에도 시린 바람을 덮는다
오도 가도 못 하여
소일을 하는 방 문고리에
시퍼렇게 날 선 바람이 기 싸움을 하고 있다
마당 수도꼭지에
방울방울 한겨울 내내 이렇게
빙산을 만들어
누군가에게 기쁨이 되어 줄
제 몸을 쌓아 놓고 있다

동네 어귀에 서 있는 소나무
어깨를 어루만져줄 하얀 눈
언뜻 보면 이팝꽃처럼 보이는 것이
안경 없는 세상이 생뚱맞을 때가 있다

몰래 왔다 갈 수 없는
눈길 위에 찍힌 발자국
사연을 담고 왔을 걸음의 무게를
모두 내려놓고 하나로 쓸어 덮는 것도
눈 쌓인 겨울이 우리에게 주는 축복이다

하얀 눈이 내리면
눈 덮고 어둠 속 내 안에 갇혀
가끔 굴절 없는
렌즈 밖 세상을 닫고 싶을 때가 있다

칠갑산 마을 8
- 맞고 틀린 것은 없다 -

종종 만나서 저녁을 먹는 세 사람
문을 들어서는 시작은 끈끈하다
자리를 옮겨 차를 마실 때면
둘은 티격태격
한쪽은 무조건 불온한 생각이라 하고
한 측은 반대인 골수이다 보니
중간에 있는 나를 두고 구원투수 보내고
눈금만큼이라도 기울면
기세는 한쪽으로 쏠린다

중량을 위한 것이 아닌 균형을 위한 추
같은 무게를 올려야 하는 치밀한 저녁
판은 내가 마무리를 해야 끝이 난다
무엇이 정답인가
누가 맞고 틀린 것은 없다

오늘 저녁 미가에서 뭉쳐요
화들짝 웃는 펀치를 날리는 리모컨의 문자
주섬주섬 옷부터 챙기며 창밖을 보니
이 마을엔 굴뚝에 연기를 내며 구들을 데우는
해 넘어가는 하늘은
빽빽한 빌딩의 도시와 다른
근수의 넉넉함 같은 여유로움이 있다

간식은 탄핵일 텐데
서둘러 아름다운 만남을 위해
석양을 등지고 칠갑산 마을을 내달리고 있다

칠갑산 마을9
-쑥국 같은 날-

앞산에서 쑥국 쑥꾹
석류나무 꽃 속에서 소곤소곤
대추나무 가시로 욱씬욱씬
최순실 탄핵청문회 석 달째 쑥국 쑥꾹
동네 아주머니 입에도 수군수군
프린터기에서 쓰륵쓰륵
내 귀앓이도 쑴먹쑴먹

잡소리로 들렸던 것들
좁은 터널 속으로 집어넣고
귀 열어 재생하여 다시 듣네

칠갑산 마을 10
- 마을회관의 하루 -

가나다라 가갸거겨
바람도 열공하며 책장을 넘기고
지루한 초고파일을 부스럭부스럭

바윗골 갓 난 어르신
할아버님 세상 뜨시고
남사스럽다고 몇 달째 결석
총기 좋은 쑥티 할머니 청양소식지 중얼중얼
노장불패 대표 가수 텃골 어르신
선글라스 끼고 노래 연습 중
목요일 꼭 응원 오셔야 해유
기침 소리 그렁그렁 문살에 매달려 있다

귀농 삼 년
자다가도 신이 난다는 이氏
방울토마토 한 상자 들고 드르륵
쉬는 시간 이렇게 와작찌껄 하다

마을회관 합숙한 지 오래
새들처럼 뭉쳐 다니시는 어른애이시다
고향이 좋고 친구가 좋고 내 집이 좋아
퇴직 후 아들 내외 내려온다 흥이 나신다

행복 마을 가꾸기 노래교실 요가
구연동화 종이접기 어르신들 바쁘다 바뻐
유리창 너머 접시꽃도 덩달아 방긋방긋
사랑은 아무나 하나 앰프방송 시작되고
이장님 에 에 에 안녕들 하시지유 지지지~짓
대동계 회원은 점심때 회관으로 모이셔유
전원마을 큰골 강씨도 인사 한대유

대박마을 달그락달그락
밥 짓는 냄새 스멀스멀 구수하다

칠갑산 마을 11
- 비 오는 날 묻다 -

소낙비가 쏟아지는 월요일 점심시간
치매 노모의 약을 가지러 가는 길
신 국도가 개통하여
차량이 없는 청양교 아래
파란 트럭 앞
파란 비닐 의자에 놓여 있는
가슴에 안기기에도 큰 둥근 십여 개의 공들
해변에서나 쓸까
의자에 앉아 있는 것이
늘 주인에게 대접받은 듯 당당하다

처자식 등에 밀려 울화통 터져 나온 걸까
몰래 혼자이기를 좋아하는 곰팡이 꽃을 위해
방을 내어준 걸까
생뚱 어울리지 않은 곳에
장맛비가 내리는 날 얼마나 팔릴까
돌아오는 길에
애스러워 하나 살까나 둘러 보아도
곤궁한 길가의 삶과는 다른
고무공들이 무게를 잡으며 침묵을 한다

노상에서 야채를 내다 팔던
옆집 할머니는 늘 일이 즐거움이었는데
공을 파는 아저씨의 즐거움은 어느 만큼일까
누구라도 행복하냐고 즐거우냐고
함부로 말할 수 없다
왠지 추적거리는 비와 공들의
후미진 교각 아래서
쓸쓸함마저 주고 있는 조화

이렇게 재촉하듯 바퀴를 굴리며
즐거움의 미학은 여유로운 자의 선택일거라
비 오는 날 허공에게 묻는다

칠갑산 마을 12
- 아침 시장 -

첫 새벽
옹기종기 모여 해장국 한술 뜨며
쪼글 거리는 손으로 지폐를 세고 있는
허리춤에 찬 전대에 바람이 서성인다
푸른 지폐만 사용되는 여기는 바닷속 어장이다

억척스레 世上
햇빛에 감추고
국산 오천 냥 두 마리
종이 피켓 뒤로
생선 비늘 하나 뚝
몸뚱어리 하나 흠집 없이 산 생애
비상탈출 원하는
함지박은 아우성이다

굽은 활 모양의 등
이 생선 앞에
학창시절 해부학 시간이 떠 올라
그렇게 방황하며 달아나 버렸던 것이
그럴 때마다 울컥
바다가 가고 싶었던 것이
왜 문득 이 이른 아침에 생각이 났을까
제대로 된 명함 하나 없이

살아온 나는 허공에 명함 한 줄 적는다
청양시장 다녀감
아침 햇살에 반짝반짝 빛이 난다
함지박 안
푸른 바다로 돌아갈 하루가 고단하다
새우등처럼 굽은 칠갑산을
이른 아침을 넘어오면서
퍼덕이는 아침은 벌써 지나고 있었다

칠갑산 마을 13
- 가정방문 -

흐릿하고 칙칙한 날은
들판을 달려간다
거기에 김氏 노인이
몸져누워 있고
옆집 상국이가
풀꽃과 이야기 하고 있다
노인 방에 들어서면
서까래 위
평생 묵은 때 자국 냄새가 있고
문풍지 깊숙이
아버지 향기가 있어
목요일 오후
출장 중 흰 종이 붙여 놓고
저물녘까지
빈 들판을 빙빙 돌아온다

칠갑산 마을 14

- 손수레 끄는 남자 -

칠갑산 아래 작은 면 소재지
삼백육십오일 손수레 끄는
월남 참전 김氏
파병 후 아내는 집을 나갔고
큰 형 집에 얹혀산다

바지 한쪽을 걷어 올린 수레
타이어가 햇살을 받아 늘 싱글벙글
감자가 가득 실려 있을 것 같은
배추 다발로 가득해 보이는 것도
내 추측일 뿐
누구도 짐을 부리는 것을 본 사람은 없다
다 비우고 싶은 걸까
가득 채우고 싶어서일까
어쩜 밀림 사이공 사투 지에서
물자를 실어 나르는 사병일지도 모른다
훈장과 바꾼 파밭
서로의 일터 안에서
온전한 생生의 수레를 끌고 파밭으로 향한다

오늘은 하나뿐인 딸의 결혼식
양복을 입은 새들도 축가 연습 한창이다
하객으로 온 바람이 파종에 열중이고
아저씨는 파밭에 앉아
햇살과 오작교 작전에 몰두하고 있다

정글 반야 나무에 걸린 기억과 흔적들
평생 끌어야 할 손수레
스마일 리어카라고 붙여 아저씨의 일생을 펴 본다
나도 가슴에 수레 하나 만들어 놓고

4부
바람이 부는 날 푸른 편지를 쓰고 싶다

아버지의 입원실

바짓가랑이 사이로 크로스 무늬가
바람에 매달려 위태롭다
오래된 이름표 하나
한장 한장 넘기 때마다 벼 잎이 떨어진다
논배미 물꼬 보러 다녀오시다
논둑에서 낙상 후 시름시름
두 발 달린 지게
가장의 밥줄이었던 허리 축하나
지탱할 중심 자꾸 한쪽으로 기운다
논두렁에 핀 나리꽃도 따라와 쾌유를 빌고
어둠은 두 손을 모아 묵도 중이다

평생을 살아온 아버지
이제야 침묵을 깔고 침대에 누워 있다
낡아서 허름해진 자식 옷 걸치고
온종일 누볐을 한 뼘
어찌 궁금해서 이렇게 하고 계신 걸까
굽은 낙타 등에
애간장 주머니 등에 넣고 터져서 누가 볼까
옆으로만 누워 계신 것인가
비가 위로하듯 후둑 후둑 내린다
빗방울 사이를 비집고 나온 햇살 한 톨
얼른 집에 가자 채근한다
벼가 익어 똑똑 혈관을 타고 맑게 흐른다

바람 부는 날 푸른 편지를 쓰고 싶다

내 안에 큰 거울을 걸어 놓고
편지를 쓴다
정신없이 살다 보니
중년이 되어
세상을 골라낼 수 있는
그렇게 죽으라고
내가 옳다고 우겼던 것들이
이제는 알겠다

바람 부는 날에
편지를 쓴다
일이 얽힐 때 더욱 그랬다
간절한 감성의 편지를 쓴다는 것에
어머니가 된 후로
뿌리가 흔들리고 있음을 보았다
내 안에 거울을 닦는다

스스로
작정한 만큼이나
가랑잎 흔들리는 오후
문득, 떠 오른다
바람이 부는 날에
푸른 편지를 쓰고 싶다

새벽 달리기

이른 새벽 달리기를 한다
아무도 없는 거리

무작정 뛴다는 것이
앞만을 보고 내달린다는 것이
결코 쉬운 일이 아님을
들판의 들꽃들은 안다
그러기에 지나 칠 때 마다
풀꽃들은 제 몸을 떨며
함께 가길 고집한다

내달리는 것은
달려온 길만큼이나
다시 왔던 길로 가야만 하는데
팽팽한 공기의 긴장감
돌아서 보면 안다

그 종점 모덕사에[8] 서서
그만, 달려온 길이
이른 아침
샛강의 안개로 피워 오르는 것을 본다

---

8) 모덕사: 청양군 목면 최익현 사당

청소를 하며

五月의 아침
문틈에 끼인 먼지를 털어내며
왠지 구석마다 널브러진
나의 생활生活의 일부를
잠시 망연하게 바라다보는
이 잠시만의 소연함을
다시 털며
흐트러진 신발을
제각기 바로 잡으며
이렇듯 온종일
일상의 일들을 강박관념처럼
닦아내는 나를
더 이상 이해할 수 없다는 듯
담 너머로 떨어지는
오월의 한끝을
끝없이 바라다보며

비 오는 하루

벽에 걸린 액자 안에
한 신사가 앉아 있다
전보다 핼쑥해 보인다
비 오는 날이라서일까

빗방울이 부딪치며 하강한다
아래로만 낮추어 살아온 생애
큰 강물이 되고
푸른 바다가 되리라는 것을
흘러 보면 안다

쉬어 가도 아는 길
둥글둥글 구르다가도
비바람이 사선이 되어
바로 서거나
막다른 끝자락에서는
등 곧은 걸음으로 길을 간다

접은 우산을 세워 놓은
신사의 자켓에서 빗물이 후질근하다
유리창에 물방울의 파편
동그란 입자를 만들며 부서지고
이렇게 다르게 떨어지는 빗방울
제각기 몫이 다르다

저녁이면
젖은 자켓를 들고
푸른 바다에서 막 돌아올 가장家張
대어를 생각한다

쇼팽의 소나타 같은 하루

습관에 관하여

악다구니 쓰며 거의 입씨름을 한다
십여 년을 같은 구들장을 대고 살면서
서로 닮아지라고 빡빡 우겨댄다
마른반찬만 골라 먹는 것이 내 편식증이라면
묵도 국을 만들어 먹어야 되고
마른 김도 국말아 적시어 먹는 것부터 다르며
씀바귀가 써서 싫다면
써야 나물 맛이 달다는 것이 다르며
고추장을 새끼손가락으로 맛을 보는 내게
꼭 엄지손가락으로 맛을 보는 것이 다르며
발을 이불 속에 감추어야 잠을 잘 수 있는 내게
이태 것 엄동 섣달에도 거르지 않고
이불 밖으로 내놓고 자는 것부터 다르며
칙칙거리며 물을 내뿜어야 속이 다 시원한 내게
쪼그리고 앉아 똥 꾸린내 맡아 가며 삼십 분씩
바깥 화장실을 고집하는 것이 다르며
창문에 매달린 나팔꽃은
소박해 보이는 분홍색이 좋다면
끝내 자주색 나팔꽃이 천해 보이지 않아 좋다는
누구랄 것도 없이
닮은 것 없는 우리의 얽힘이

까만 눈 깜박깜박 숨죽이는 문틈으로
어렵다 어려워 외쳐대며
툭툭 접힌 나팔꽃이 담 너머로 흔들리고 있다

한솥밥 나들이

이른 새벽
좁은 봉고 차 안은
묵은 것 다 털어놓고 오자고 시끌벅적하다

섬을 껴안은 숲길이 좋아
걷자 걷자 하는
그냥 가자 가자 하는 것들로
고음 치는 소리
덕혜옹주가 쉬고 있는 숲속
친구인 주먹통 만한 대나무가
그리웠던 조선말을
냉큼 대통 안으로 주워 담고 있다

윤기 나는 밥은 단맛으로 이끌려고 하며
끈기없는 것은 그냥 그렇게 묻어가고
너무 고돌 꺼리는 것은
입안에서나 그릇에서도 튕겨 나가는
찬이 없어도 잡곡에 고슬고슬한
구수한 밥을 짓는다는 것이 얼마나 어려운 것인가
솥 안에 양과 물이 손등 마디까지 늘 적량인데
밥뚜껑 물 넘치는 달그락 소리 매일 다르다

바다에 떠 있는 작은 섬들처럼
한 점 한 점 찍어 먹는 젓가락질 감질나
뒤엿 뒤엿 둥근 해도 따라 들어온 복어탕 집
복어 배를 하고 돌아가는 저녁
배낭을 내려놓자 따라온 섬들
대나무 속에 담긴 것들이
차 안에 쏟아지며
내일은 어떤 밥을 먹어야 행복할까
어둠에 갇힌 내 귀에 날 선
파도 소리가 들려오고
한번 일렁일 때마다
맞닿은 무릎과 무릎이 새삼 따뜻하다

오늘은

마른 나뭇가지 사이로
간밤의 기억들이 되살아나
나의 청각은 누워 있다
밤낮 없는 하루 일과는
주사 놓는 일
알 수 없는 무력감에
낯익은 하늘을 올려 다 본다
구름도 층을 이루며
나름의 무늬를 가지고 있는데
오늘은 어떠세요 좋아질 것입니다
안정하세요
이것 밖에는 말할 수 없는 오늘은
노출된 앵무새이다

빛

어둠과 어둠 사이
우주 끝이 달린다
눈감으면
아스라이 멀어져간 전설
몸 전체로 빚어내던
어린 날의 꿈처럼
하늘 끝이 보인다

의문疑問의 어둠

날이면 날마다
담배와 씨름을 한다

밤만 되면 엄습해 오는 나의 목감기를
무시한 채
방안 가득 연기를 채우고는
알 수 없는 침묵 속에
스스로 빠져 간다
문득 잠에서 깨어 보면
저만큼 멀어져 있는
방안의 뿌연 질서
의식 밖으로 쓰러져 가는
나의 어둠을
지금 알고나 있을까

아름다운 것은

꽃보다 아름다운 것은
누군가를 사랑하는 것이다

쏟아지는 별빛보다 아름다운 것은
사랑하는 이와 눈빛을 주고받는 것이다

푸른 잎사귀보다 더 아름다운 것은
사랑하는 이와 살포시 손을 마주 잡는 것이다

새벽 이슬방울보다 더 아름다운 것은
사랑하는 이와 기쁨을 함께 나누는 것이다

숲속의 새소리보다 더 아름다운 것은
사랑하는 이와 함박웃음을 웃는 것이다

개울 물소리보다 더 아름다운 것은
사랑하는 이와 얼굴을 맞대고 속삭이는 것이다

이 보다 더 아름다운 것은
나를 사랑하는 것이다

교실 풍경

현관 모서리에 둥근 것이 달려 있습니다
머리가 크고 몸통이 길은
서로 분리된 듯한 말벌이었습니다
담 넘어 칠월의
해바라기 살 속을 파고들었을 생각에
서너 시간을 바라 보았습니다

수없이 드나든 벌떼들은
어둡고 수많은 구멍 속에서
애벌레로 박혀
언어를 배우거나 더러는 제식훈련을 배우는 벌도 있습니다
끝없는 자신들의 역사를 배우고 있었습니다

내방 창가에 끈을 매달고 나팔꽃을 올렸습니다
봄부터 어떤 꽃일까
아침이면 줄기를 바라보며
잘 타고 올라가라고 매일 드려다 보았습니다
햇빛이 밝은 아침
보라색 나팔꽃이 만개하여 웃고 있었습니다
실은 소박해 보이는 분홍색 꽃을 간절히 원했습니다
이렇게 마음 상해 있을 때
말벌이
나팔꽃 속을 날고 있었습니다

말벌은 경계하지 않았습니다
안테나 키를 높여 수없이
어두운 동굴 속을 드나들며
말벌은 나팔꽃을, 아니 새벽을 하나씩 피우고 있었습니다

정신병동

창밖의 햇살이
창틀 옆에 쪼그리고 앉아 있다

되풀이되는 일상
짧은 복도를 오가며 종종걸음치는
바짓가랑이 사이로
바람이 미끄러져 간다

붉은 꽃송이 같은
얼굴 위로
오래된 사진첩이 하나 있다
한 장 한 장 넘기 때 마다
꽃잎이 떨어진다

거울을 보지 않아도
눈빛으로도 아름답다
지금
흩어진 햇볕들이 침상 끝으로
옮기어 가고 있다

종기

사방으로 긁어낸 자리에
무공훈장 같은 것이
눈에 띄게 자리 잡고 있다
나의 종기는 일 년 내내 쉬지 않고
전신에 붙어 다니며 공생한다
발적 부위가 감소될라치면
언제부터인지 하루의 반은 실수투성이요
은근한 히스테리가 생긴다

부풀어진
종기를 잡아 뜯어 버렸다
그날 밤
나는 누구의 부스럼일지
모른다는 일념이
불면의 밤을 만들기 시작했다

우리 집 달력

꽃무늬 벽지에 붙어
한 장 찍 짤리고 나면
윷놀이 판에 업히고 잡히고
살고 죽고 신명 나고

대나무 채반에 자리 깔고 누우면
찌글찌글 전 부쳐 올려놓고

네 번 꺾어 접어
힘차게 팔 휘두르면
홀딱 넘어가며 승리가 되고

졸깃졸깃 각대 접어
모자 속에 둘러 넣으면
큰 모자 딱 맞는 맞춤이 되고

첫 새벽
실눈을 뜨고 보면
매일 눈 마주치는
남색 땡땡이 옷을 입고
손에 책을 펴고 있는 여자
그 앞에 늘 주눅 드는

일 년 열두 달
빨간 동그라미 약속을 걸어 놓고
깜박깜박 허둥대는 하루

우 짠대요

은행동 중앙시장 검정 바탕에 꽃무늬
양산 겸 우산 실속형 하나를 샀어요
우 짠대요
태양을 삼키려 들어요
비 오는 날
괜찮겠지 하늘을 받쳐 드니
작은 우산이 내 어깨를 젖히고 있네요

한 가지만 똑소리 나면
걱정 없을 텐데
제대로 하는 것 없이
낀 세대에 묻어가고 있네요
오늘도 조금 기울어져 너스레 떨었고요
속 빼놓고 볶음 질 잘 하고 싶어요

좌로나 우로나 딱 요기까지
실속형 만능엔터 테이너를 원하는데
우 짠대요

11월

옆에 나란히 서 있어
혼자 서 있는 것 보다 덜 외롭다
한쪽으로 치우치지 않고
척추를 펴고
앞만을 보고 있는 나는
가끔 앉거나 눕고 싶을 때가 있다
그럴 때 꿈을 꾼다
그대와 단둘이 서 있는 사이로
바람과 내통하며
길에 대해 묻기도 하고
둘 사이 서먹함을 울컥이기도 하며

지척인데도 먼 것 같은
마냥 재미없는 것은 아니다
그냥 잎이 떨어지는 것을
함께 보고 있다는 것에
내가 쓰러지면 기대어 줄
누군가 옆에 있는 것만으로도
하나 보다 둘
좋은 사이이다

전도하는 과일

육백여 명 한꺼번에 빠져나오는
산 중턱 원룸 빌라 빼곡한
좁은 골목길

좌판에 작은 상자 몇 개 놓였던 것이
이제 서너 명의 도우미까지
그들은 아저씨를 사장님으로 부른다

어떤 날은 쭈글거리거나 약간 맛이 덜한 것들
유리창 너머로 말씀을 소홀히 들었던 것들 일게다
은혜받은 과일들은 햇빛을 온몸에 받으며
탱탱한 젊은 피부를 위해 상자 속에 누워 있고
누드가 된 과일 조각은
초승달 미소를 띠며 누구를 전도할까
팽창된 노상에 앉아 있다

싸고 맛있는 토마토 삼천 원,
싱싱한 사과 오천 원 싸다~ 싸
한결같은 레퍼토리로
골목 안은 순식간 왁자지껄 하다
맹 맛이거나 속박은 적도 있지만
그 가격에 제철 과일을 먹는 재미가 쏠쏠하다
외상을 주기도 하고

지갑이 헐렁한 것을 아는
떨이떨이 목청 높이는 참사랑 노상 가게
이 골목에선 믿음이 담보이며
누구나 집사가 된다

몸이 무겁거나 해찰 떨고 싶은 날도
탐욕스런 육감의 단맛들로 인해
오늘도 주일을 지킨다
자두와 포도의 씨앗은 밀알을 기억하고
검은 비닐봉지 속에서
부스럭 부스럭
향긋한 방언을 쏟아낸다

황과수 폭포 9)

가슴 풀어
몇 날 며칠 설레지 않았는가
인생은 구불구불 돌다
물꼬 터 옆길로 갈 수 있건만
황과수 폭포야 어디 그런가
길은 하나니 곧을 수밖에
달콤하게 노래 부르며
시큼한 청춘도 지났으니
황과수10) 맛 처럼 은빛 폭포 내리네
여기 서 보니 칠갑산 골짝
물길 백 리 쪽빛 하늘빛
까치내 물소리 겸손함을 이제야 알겠구나

돌아오는 산벼랑에 앉아
안개와 폭포를 안주로
소주 한잔 넘긴 목젖
풀리는 것은 잠시
팔 벌려 절경을 보니
낙화 수 소리로

---

9) 중국 서남쪽 귀이성에 있는 폭포. 황과수 과일 이름을 붙임. 황과수 생산지역
10) 황과수: 황과수 라는 과일, 레몬일종

협곡의 근심을 덜게 하는구나
올곧게 내리는 것은 흩어지지 않고
함께 물길을 가는 것
황과수야 이제 알겠구나

굴뚝새

하늘을 한 번쯤은 올려다볼 수 있는
가슴 가득 당신을 유인하고 싶어요

겨울 강 살얼음 위로 목숨 내걸고
저 건너 갈대숲을 향해 손짓하는 일은
겨울을 나기에 위험한 비행일지 모릅니다

보호하기 위해 여러 개의 가짜 둥지에
겹겹이 틀을 만드나
천적인 나는 당신을 모를 리 없습니다

전생의 인연으로 태어나
당신은 오며 가며 견우직녀처럼 아슬아슬한 만남을 하지요
칠갑산 파란 지붕 아래
새까만 머리털 채 마르지 않고
이제나저제나 부리 쪼아
구구구 기다리는 둥지가
하늘 쳐다보며 제 발등을 쪼고 있습니다

이전에 붉은 자동차 위에 앉아 있는 모습이
당신은 참 아름답다고 생각했지요
입혀주고 먹여주고 새까만 자식
일용할 양식 걱정으로 내 보호색 하나 만들지 못하고
천연기념물도 되지 못하고
산 절벽 벼랑 틈에 허우적대는 야윈 내 새 터가
울창한 숲속이나 큰 개울 물 고인 곳을
한 번도 원해 본 적이 없습니다

텃새라고 나를 부르지 않습니다
나무를 갉아 먹는 것도 아니며
꽃가루를 온몸에 묻혀 가루받이를 도와주는 동박새도 아닙니다
태어나자마자 둥지를 떠나는 꿩도 아닙니다

한 번쯤은
산에 사는 산새들로 만나
커다란 참나무나 소나무 풀밭에서
정중하게 유인하고픈 이유를 말하고 싶어요

이름에 대한 서평

이름이 없는 사람은 아무도 없다
개똥이라고 면서기가 적어 놓은 시절도 있었다
죽어서도 종적은 남는 것
문중을 빛낼 위인도 못돼 영정사진도 없을 거고
시인이므로 시집 제목이라도 적어주면 좋고
족보엔 내가 어떻게 살고 갔는지
살아온 삶을 압축한
이름 석 자 남아 있을 것이다

일 순위보다 빠른 영 순위 박 영순입니다
칠갑산을 사랑하고 들국화를 좋아하는 여자입니다
소개를 할 때마다 사람들이 웃는 것은
이름보다 멘트가 엉뚱해서 그럴 것이고
앉으라면 앉고 서라면 서고
이름처럼 순 한데가 있었는데
지금은 전신에 뿔을 달고 명함을 쳐 받을 때도 있다

고등학교 삼학년 때 군대 입영 통보가 날아왔다
한 대代에 동명이 셋이 있으니
작은집 사촌인 줄 알았는데
웬걸 남자로 표기가 되어
성별 절차를 밟은 적이 있었다
구십 노모는 임 정례

나보다 촌스럽지 않다
날 숙이로 할까 하다
돌림자로 올렸다 하고
막히고 꼬이는 일이 있으면
니은 받침 하나로 운명이 바뀌었다
어머니는 탓을 하신다

한식일 합장을 하는 봉분 속에
백 년이 넘은 염기 구조가 같은
상석 위에 추스른 몸들
어두운 지하에서 한없이 후대를 걱정했으리
때깔 나게 살지 못해 죄스런 마음
무릎 꿇어 절을 하는데
객지로 나돌던 바람들이 몰려와
묘석을 지나
내 이름까지 훑고 가는 것을 보았다

누에의 방

동굴 속에 칠 년을 들어앉아
촉을 세워 주파수 이리저리 눌러 보았지

외로움을 덜기 위해
불확실성의 차가워진 거리를 배회하고 있어
가로등 불빛은 샤워꼭지처럼
내 알몸을 적시려 하네만
난 달빛의 그림자를 따라 걷기로 했어, 이 밤
지나온 어둠 속 습관처럼 자꾸 숨고 싶은
그럴수록 어둠의 깊이는 커져 갔지

동그랗게 말고 동면한
돌아갈 수 없는 침잠의 방
촘촘히 뽑은 푸른 실크 스카프를 하고
화려한 외출을 하네만
그 동굴 속을 잊을 수 없다네

물 먹은 달빛이 으스스
쏟아질 것 같은 빙하기의 이 밤
이슬에 젖는 작은 나방

작품해설

시어의 연금술로 조탁한 비유와
상징의 작품성

― 장희구 張喜久
(문학박사 / 시조시인·문학평론가
현대문학사조 주간사.한국한문교육연구원 이사장)

시어의 연금술로 조탁한 비유와
상징의 작품성
− 박영순 시집「사랑받는 꽃」을 시평으로 떠받치면서 −

장 희 구張喜久
(문학박사 / 시조시인·문학평론가
현대문학사조 주간사.한국한문교육연구원 이사장)

1. 사랑받은 시향의 꽃송이에 흠뻑 취해서

 박영순 시인은 오래도록 충남 청양에 있는 칠갑산 정기를 받아 밝고 맑은 심성으로 시심을 일구었다. 그의 시적인 얼개는 지역적인 특수성에 기인되어 시인다운 기질을 연마하면서 성장했던 것이 아니냐 하는 생각도 든다. 시상의 문이 넓고 진폭이 커서 어지간한 중견 작가들과도 어깨를 나란히 하면서 시적인 대화를 나눈다 한들 조금도 뒤지지 않을 것이라 생각된다. 선경후정先景後情이라는 시상이 흐름이 그렇고, 기승전결起承轉結이란 시상들이 그랬다. 이번에 상재한 첫시집「사랑받는 꽃」의 작품 78수가 다 시에 대한 자신감을 갖고

집필된 작품임도 알 수 있었다.

　박영순 시인은 사랑받기에 굶주린 여인처럼 목마름에 시달리는 절규를 듣는 듯했다. 애타는 절규들이 그의 가슴에 숨어 있기에 오직 인간적인 작품을 일구어 낼 수 있었음으로 보인다. 박시인은 인간이 가장 사랑하는 꽃이고 싶었고, 아름다운 마음을 지니고 싶었음을 알 수 있다. 생화는 물론 다 말라버린 시들은 꽃까지도 사랑으로 안아 주는 고운 심성이 시상의 곳곳에서 흘러넘쳤다. 아버지에 대한 효심이 지극하고, 직업에 대한 사명감이 투철한 사람으로 여겨지는 것은 이 평자 혼자만의 생각은 결코 아니리라. "책제冊題" 「사랑받는 꽃」은 제1부 "부제部題"일 뿐만 아니라, 본 시집 첫 번째 작품 "시제詩題"이기도 하는바 정적인 시상이란 몸부림을 맡을 수 있었고, 제2부는 꽃꽂이하는 여자를 선미촌 여인네들의 분장한 고운 모습과 대비하면서 아름다움을 구가해 내고 있었다. 제3부는 칠갑산을 가슴에 품는 14제를 두어 사랑과 건강을 주었던 산에 대한 고마운 마음을 서리서리 엮어 두었으며, 제4수는 바람이 부는 날 푸른 편지를 쓰고 싶다는 일상생활에서 찾을 수 있는 소제를 찾아 참신한 영양쌀밥으로 일구어냈다.

　모든 작품을 시평으로 상재하고 픈 충동감이 없지는 않았다. 그렇지만 지면의 한정을 생각한 나머지 각 부에서 2수씩을 가려 뽑아 시평으로 상재하는 옹졸함으로 이 평설을 상재한다. 박 시인이나 이 시집을 받으실 지인知人들의 입맛에 맞을지는 모르겠다는 두려운 마음으로 일갈一喝의 서문으로 대신한다.

2. 『사랑받는 꽃』 한 송이를 품에 안으며

때가 되면 시들지 않는 꽃이 없듯
지고 나면 말린 꽃으로나마
벽에 걸어
누군가의 사랑받는 꽃이 되고 싶다

당분간 남이 되어
며칠이고 가슴 미어지는 일이나
꽃잎으로나마
책갈피에 꽂아 기억하고 싶은 꽃이고 싶다

다시 피기 위해
빛과 물줄기를 찾듯
나 또한 인연을 만나기 위해
수없이 많은 나날을 꿈꾸어 왔지 않은가
화려함으로만 그 자리에 서서
향기에 도취한 꽃이 아니었느냐

자갈밭, 골목 언저리
시선 먼 끝자락
홀로 핀 꽃들을 보아라
왜 몸부림치지 않았겠느냐
속을 들여다보면
이꽃 저꽃 눈물 없는 꽃이 없으리

꽃으로 살아가는 동안
꽃대 꼿꼿이 세워 사랑받지 못하느니
낮게 앉아 지천을 품고 있는
들꽃 같은 순정으로 살리라

사랑을 받는 꽃은 아름다워라

- 박영순 「사랑받는 꽃」 전문

　사람은 누구나 다른 사람의 인정받기를 원한다. 가정에서나 학교에서 그리고 직장에서도 칭찬받기를 원한다. 칭찬은 새 삶의 활력소가 되어 새로운 일을 하는데 큰 버팀목이 된다. 그래서 모범된 일을 하고, 그래서 착한 일을 하며, 또한 사회를 위해 진취적이며 발전적인 일들을 한다. 시제가 주어진 함묵적인 두 가지 이미지가 있다. 여인네들의 성향이 그러하듯이 다른 사람에서 예쁘다고 인정받는 예쁜 꽃이고 싶어 하는 하는 욕망이 있어 스스로를 '꽃花'이란 의미를 부여하고 싶어 하는 성향을 보인다. 다음은 '사랑愛'이란 흔한 용어를 통해 아름다움을 사랑으로 승화시켰으면 하는 성취 욕구를 지니고 있다. 그래서 시인은 '시제詩題'는 물론 제1부라는 '부제部題'까지도 이를 품에 안는 형국을 갖추어 놓는다. 좋은 시적 지향이다.

　시인은 싱싱한 꽃, 마른 꽃을 망라하여 언제나 꽃이 되었으면 하는 불타는 욕망을 품에 안는다. 그래서 때가 되면 시들지 않는 꽃이 없듯이 지고 나면 말린 꽃으로나마 오랫동안 벽에 걸어 놓고 누군가에게 오래 사랑받는 꽃이 되고 싶다는 소망 어린 작가적 상상력을 보낸다. 사람들은 흔히 꽃이 지면 버린다. 그리고 새 꽃을 화병에 꽂아 놓고 싶어 한다. 그렇지만 그는 시든 꽃일망정 생화처럼 곁에 두고 보았으면 하는 강한 충동감 속에 버리지 못한 꽃을 애지중지하는 소망 어린 마음을 선경의 시상 주머니에 담아 두었다. 시인의 두 번째 연에서 한결같은 소망은 당분간이나마 남이 되어 며칠이고 가슴 미어지는 일이나 시린 가슴으로 꽃잎으로나마, 시든 꽃 줄기로나마 연분홍 꽃잎을 곱게 뜯어 책갈피에 꽂아 기억하고 싶은 꽃이고 싶다는, 아니다. 사랑받고 싶다는 강렬한 소망을 피력한다. 비록 시든 꽃이라도 버리지 못해 품에 안은 예쁘고 착한 여인네이고 싶어 한다. 이어진 세 번째 연에서는 시들어진 꽃이 다시 피기 위해 빛과 물줄기를 찾듯이 좋은 인연因緣을 만나기 위해 끓어오르는 신열을 참아가면서, 수없이 많은 나날을 꿈꾸어 왔지 않은가를 되묻는다. 좋은 인연이란 말할 것도 없이 사랑의 품 안으로 안아 줄 수 있는 애정이 충만 되어 있고, 꽃 이상도 아니고, 그 이하도 아닌 꽃으로만 남아 곱고 화려함으로만 그 자리에 서서, 깊은 향기에 도취되는 꽃이 아니었느냐는 강렬한 물음 한마디를 던진다. 오래도록 지지 않는 꽃, 지는 꽃도 품에 안는 그러한 꽃으로 찾았던 인연뿐만 아니라, 모든 사람의 사랑을 받았으면 하는 상상력과 함께 소망으로 피었으면 하는 마음을 담는다.

화자는 이제 시선을 다른 방향으로 돌려가면서, 후정後情을 담아내려는 애쓰는 모습이 4연으로 이어진다. 자갈밭이나 골목길 언저리에서도 시선이 다소 멀어진 끝자락에서도 가슴을 쓸어내리는 마음으로 외로운 길목에서라도 '홀로 핀 꽃들을 보라'고, '왜 몸부림치지 않았겠느냐'고 크게 외친다. 자신에게 부르짖는 사랑받는 꽃이겠지만, 비록 사랑을 받지 못한 꽃이라 할지라도 가슴 떨리는 마음으로 품에 꼭 안았을 것이다. 그래서 화자는 가만히 그 속을 들여다보면 이 꽃 저 꽃 눈물 없는 꽃이 없다는 소망까지를 담아내고 있다. 화자는 다시 다섯째 연에서는 오래도록 나이 들어 시들더라도 꽃으로 살아

가는 동안에 꽃대를 꼿꼿이 세워서 사랑받지 못하게 되더라도 조금 더 낮은 자세로 그렇게 앉아서 지천池川을 가슴에 품고 있는 들꽃 같은 순정으로 살겠다는 강열한 의지를 시적 주머니에 담아 놓는다. 화자의 더딘 상상력은 '사랑을 받는 꽃은 아름다워라'고 하면서 아름답다는 촉촉함과 간곡함을 담아내고 있다. 그래서 위 작품의 '시제詩題'가 '부제部題'가 되었으며, '책제冊題'까지 되도록 배려했던 시인의 매력까지도 알 수 있을 것 같다. 좋은 인연들에게 아름다운 꽃으로 오랫동안 사랑받는 꽃이 되고 싶다는 가슴 벅찬 소망을 담아내려고 했던 시인의 마음이 마냥 곱기만 하다.

다 보낸 줄 알았는데
신발장 검정 비닐 속
풀어진 생을 붙잡고 있는 듯
묶인 끝이 풀리지 않는다

내 다 버릴까 하다
이마저 지우면
떠나보내는 미안함에
다시 그 자리

늘 짝이 같은 건 아니다
짝이 안 맞는 건
두툼한 양말을 신고 맞추면 되는 걸
팽팽한 신발로 살아온 기억

댕겼다 풀어 주는 연줄 같은
기울기 꼭 잡고 있는 저녁

– 박영순 『남은 신발』 전문

 위 작품은 두 가지 의미를 두고 생각해야 될 것 같다. 처음은 짝이 맞은 신발이 서로 뜻이 잘 맞아 앞서거니 뒤서거니 자축거리면서 앞으로 나아가는 떨어지지 않을 적의 신발이 보인다. 사람이 걸을 수 있는 어려운 여건을 조성하다가 그만 지내다가 떨어지면 버린다. 그러다가 신발 한 짝이 남아 있는 모습을 보고 시상을 떠올린 것이다. 다음은 부부가 천생배필로 생각하며 온 세상이 내 것인 양 남 부럽지 않게 살아간다. 그런데 한 사람이 먼저 떠나는 수가 많다. 혼자 남는 신발처럼 외로움으로 너덜거리며 살아가는 외짝이 되는 현상을 생각할 수도 있겠다. 후자의 의미까지 담았는지는 알 수 없지만, 여기에서는 신발장에 두 짝이던 신발이 혼자 있는 외로운 모습으로 시상을 떠올린 것으로 보고자 한다. 어떤 현상으로 생각하면서 어떤 의미를 담았던 간에 사물을 보고 시상을 떠올리는 선경후정이란 시심이 푹신하다.

 시인은 첫수와 둘째 수에서 신발 한 짝이 외롭게 남아있다는 선경先景이라는 시적인 배경이 시적인 눈으로 관찰해 보인다. 떨어진 신발 두 짝을 그만 다 보낸 줄 알았는데, 신발장 속 검정 비닐 속에 다 풀어진 생의 한 무게를 붙잡고 있는 듯이 단단하게 묶인 신발 끈이 결코 풀리지 않았다는 시심을 우려냈다. 초라하기 그지없는 한 모습에서 짝이 있을 때의 활동적이었던 시절을 떠올리는 얄궂은 운명과도 같은 시적인 상상을 매만지고 있는 모습이 넉넉해 보인다. 시인은 초라한 그 모습을 떠 올리기 싫어 그만 내 다 버릴까도 생각하다가 남은 신발의 그림자만이라도 지우게 된다면 한때나마 발바닥의 친구처럼 지내던 사이였는데 떠나보내는 미안함에 다시 그 자리에 두었다는 애정어린 상상력을 그 자리에 두었다. 그렇게 모질게도 들어버린 정 때문에 차마 버리지 못한 시인의 과거지향적인 안타까운 한 모습이 보인다.

화자는 셋째 연과 넷째 연에서 외로운 외짝 신발을 보면서 마음에서 우러나오는 통정을 쏟아내는 모습이 훤히 보인다. 같은 신발이라고 해서 늘 짝이 같은 건 아니라고 전재하면서 만약 짝이 맞지 않으면 두툼한 양말을 신고 거기에 맞추면 되는 것이라는 과거의 경험을 살려가며 거기에 맞추면 '팽팽한 신발로 살아온 기억' 덩어리를 떠올린다. 신발이 내 발에 크다 싶으면 두툼하거나 얇은 양발로 거기에 맞추었다는 자신의 성격이나 몸에 맞지 않으면 언제라도 맞추어 가면서 산다는 매우 긍정적인 소신을 시심의 그늘 속에 묻고 있다. 어떻게 내 거기에 잘 맞추었을까? 화자는 신발 끈을 당겼다 풀어 주는 인연 줄 같은 운명을 맞추기 위해 그 기울기를 꼭 붙잡고 있었던 '저녁'이란 시어를 놓고 있다. 이 저녁이란 시어는 비록 서로가 성격의 차이로 맞지 않는 일이 있었겠지만 양보와 미덕으로 맞추어 가며 살다가 한 짝을 잃고 황혼기에 외롭게 서 있는 화자의 안타까운 모습까지도 넉넉하게 상상된다.

3. 『꽃꽂이하는 여자』의 고운 자태 속내엔

선미촌 실루엣 같은 그녀와
닮은 포즈를 하고
금방 터트릴 것 같은 눈방울로
쇼윈도 안은 불빛이 가득하다

싱싱합니다
오늘 첫 손님입니다
제 몸을 부르르 떤다

꽃무늬 원피스를 입은
빙글빙글 돌리는 것이
습관인 그녀가
지불한 축복에 감사하며
가슴 한가득 안고
양산 위 햇살까지 돌리고 있다

가지런히 아래가 벗겨진 발들이
고추 서 있다
붉은 입술을 한
45도 각도의 여자가 넘어질 듯
첫 손님이 너였지
내 몸에 상처를 알려고 하지 마

벗겨진 옷들이 어지럽게 쌓일수록
빽빽이 농염은 짙어진다
상처를 어루만져 줄
마지막 손님을 기다리는
탁자 위 바구니
긴장한 햇살이 탱탱하게 부풀어 있다

=박영순 『꽃꽂이하는 여자』 전문

  위 시어로 놓았던 선미촌은 부산에 있는 '집창촌'이란 각주를 달아 두었는데, 일명 선화촌 혹은 문화예술촌이라고도 부르기도 한다. 굳이 부산뿐만 아니라 서울 전주 등 지역마다 여성 집장촌은 있었다. 예쁘고 단정하게 꽃꽂이하는 여자를 선미촌에서 황홀한 미소와 몸매를 지니고 손님을 유혹하는 여자로 치환시키면서 시상을 이끌어 가고 있다. 남정네들의 기본적인 욕구 중 하나인 성욕을 자극시키는 선미촌의 여인네들의 솜씨를 예쁘게 꽃꽂이 해놓고 집안이나 사무실에 장식해 놓은 꽃꽂이하는 여자와 대비해 보려는 시인의 테크닉한 작품성이 흐르는 배경이 선명하게 보일 뿐만 아니라, 그 솜씨가 대단하다. 많은 시를 접해 보지만 선미촌 여인과 꽃꽂이하는 여인을 작품 속의 같은 선상에 놓은 일은 처음 본다는 생각에서 벗어날 수 없었다. 마치 골든 클래식인 'G선상의 아리아'를 듣는 느낌을 받았다고나 할까. 칠석날 까막까치들이 견우성과 직녀성이 만날 수 있도록 다리를 놓고 있는 아스라한 느낌을 물씬하게 받아 감동을 주었다는 작품으로 감동 깊게 읽었다.

시인은 첫째 연과 셋째 연에서 선미촌에서 실루엣과 같은 그녀처럼 꼭 빼닮은 포즈를 하면서 금방이라도 꽃망울을 터트릴 것만 같은 눈방울로 쇼윈도 안은 그저 불빛이 가득하다는 선경의 시상을 읊고 있다. 그리고 여인은 자신이 꽃꽂이한 몸매가 '싱싱합니다. 오늘 첫 손님입니다'하면서 제 몸을 자신이 부축하지 못하고 부르르 떤다는 수채화 같은 그림을 그려 놓았다. 이렇게 해서는 꽃을 보는 손님들의 관심을 가질 수 있을 것 같지 않아 이제 더 진한 감동의 손길로 자기를 갈무리한다. 꽃무늬 원피스를 곱게 차려입고 빙글빙글 돌리는 것이 습관인 그녀들이 손님들이 지불한 찬사(혹은 지불금)의 축복에 감사하며 가슴 한가득 안고 양산 위 햇살까지 빙빙 돌리고 있다. 덧정(덧씌워 놓은 정情)을 더욱 반듯하게 손질해 놓는다. 꽃꽂이하는 여인과 선미촌 여인네들 같은 다소곳한

솜씨를 수채화 물감에 곱게 칠해 내보이는 시상이다. 두 대상물을 잘 조화시키는 시적인 맛과 멋을 일구어 냈다. 흔히들 여류시인들이 다루기 힘든 작품의 내면적 심사를 굴러다님직한 시어들을 얽혀 놓았다.

화자의 부르짖음은 여기에서 끝나지 않는 명시를 일구려는 의지를 만나게 된다. 꽃꽂이하는 그 과정을 꽃의 옷까지 벗겨 가면서 여과 없이 내보인다. 가지런히 아래가 벗겨진 발들이 고추 서 있다고 하면서 붉은 입술을 하면서 45도 각도의 여자가 넘어질 듯이 '첫 손님이 너였지, 내 몸에 상처를 알리고 하지 마'라고 투정 반 으름장 반 내뱉는 순수함을 보인다. 꽃꽂이하는 여인네들의 심정을 모두 신미촌 여인과 대비하는 정성이 마지막 구까지 살아 움직인다는 점을 부각해 보인다. 그래서 화자는 마지막 구에서 통정의 마음을 다 쏟아놓는다. 벗겨진 옷들이 어지럽게 쌓일수록 빽빽한 농염濃艶은 더 짙어진다고 하면서 깊은 상처를 어루만져 줄 마지막 손님을 기다리는 탁자 위 바구니를 보면서 '긴장한 햇살이 탱탱하게 부풀어 있다'는 후정이란 혼신을 쏟아 붓는 시상을 발휘해 보인다. 어쩌면 다루기 어려운 시상들을, 다루기 쉬운 시적인 얼개로 잘 다듬어 놓는 시인의 시적인 기교에 찬사를 보내고 싶다.

　　　　산책을 하다
　　　　그냥 지나칠까
　　　　목 길게 하고 웃고 있어요
　　　　조금만 기다리면
　　　　치마 입은 그 자태 더 고울 텐데
　　　　보고 싶은 마음에

꽃이 피고 나서 이제서 알 것 같아요
내가 해 줄 거라고는 웃는 것밖에 없으니까요
이담에 만나면 긴 목에
손수건 징표로 달아 놓아야겠어요

바람 부는 늦여름이면
애증과 사랑을 혼돈 하는 날도 있지요
사랑은 아무나 하는 것이 아닌가 보아요
사랑은 줄다리기 같으니까요
누가 알까
가슴만 터진다니까요
기다림에 큰 눈망울 아래로 떨구고 있어요
만나고 헤어지는 다반사 세상에
이런 네가 부끄러워요

— 박영순 『상사화』 전문

 시제 상사화는 잎이 있을 때는 꽃이 없고, 꽃이 필 때는 잎이 없으므로 잎은 꽃을 생각하고 꽃은 잎을 생각한다고 상상하여 상사화相思花라는 이름을 붙였다고 한다. 지방에 따라서는 상사화를 흔히 개난초라고도 부른다. 우리나라가 원산지로 알려지는데, 비늘줄기는 지름 4~5cm의 공 모양 또는 넓은 달걀꼴이고 겉은 검은빛이 도는 짙은 갈색을 보인다. 이와 같은 상사화의 특징을 잘 인용하면서 시상의 문을 두드리고 있다. 흔히 '상사화'를 시제로 설정했던 작품을 보면 꽃과 잎이 서로 만나지 못함을 두고 시상을 떠올리는 경우가 많았는데, 이 작품에서 그런 꽃의 마음을 내면에 숨겨 두고 외면적인 대상물이 상사화를 그리워하는 모습으로 시상을 농익히고 있어 보인다. 그러면서 마냥 그리워하는 시적인 상관자를 상사화가 만날 수 있을까 하는 기대감을 갖는 것은 평자 혼자만의 생각은 아니겠다.

  시인은 행여나 하는 마음을 담아 긴 산책로를 따라나섰다. 나긋나긋한 걸음걸이로 산책을 하다가 그냥 무심코 지나 칠까 하면서 목을 길게 하고 웃고 있다는 허탈함을 보인다. 행여나 하는 마음으로 기다리는 마음이었을 것이다. 조금만 기다리면 치마를 둘러 입은 그 자태 더 고울 것인데 하는 조바심과 기대감을 갖는다. 그리고 시인은 드디어 마음을 드러내 보인다. '보고 싶은 마음에 꽃이 피고 나서 이제서 알 것 같아요. 내가 해 줄 거라고는 웃는 것밖에 없으니까요.'라는 넋두리를 편다. 그대에서 줄 수 있는 것은 웃음 이외에 다른 것이 없다는 시적인 상상력을 읊어낸다. 이 다음에 만나면 자기의 긴 목에 손수건을 그 징표로 달아 놓아야겠다는 짝사랑의 밝은 모습을 짠하게 내보인다. 이건 분명 상사화를 바라보는 시적상관자의 긴 한숨으로 읊어내는 한숨과 함께 애써 웃어 보이려는 속 깊은 찬가讚歌가 아닐까 본다.

  화자는 혼자만의 기다란 바람을 긴 넋두리로 하소연하는 신들린 시심을 만나게 된다. 바람 부는 늦여름이면 애증愛憎과 사랑을 혼돈 하는 날도 더러는 있었다고 하면서 사랑은 아무나 하는 것이 아니라고 묻고, 사랑은 줄다리기와 같은 것이라고 단정해 보인다. 지금 시적 상관자인 화자와 상사화 간에는 분명 줄다리를 하고 있다. 누가 먼저랄 것도 없이 나는 너를, 그리고 오랜 시간이 흐르면 너는 나를 사랑할 것이라고. 화자의 부르짖음은 계속된다. '누가 알까 / 가슴만 터진다니까요'라는 부르짖음이 이제는 기다림에 큰 눈망울 아래로 떨구고 있다는 반증을 보여준다. 사랑이란 만나고 헤어지는 것은 다

반사의 세상일진데 이렇게 '혼자만이 짝사랑한 내가 부끄러워요'라고 하면서 시적인 문을 닫는다. 이 시를 외부적인 시적인 상관자가 상사화에게 쏟아낸 대화체의 문장으로 은근과 끈기가 시의 저변에 흐르고 있다. 그렇게 보면 이 시의 마지막 부탁의 대화체는 '이런 네가 부끄러워요'가 아니고 '이런 내가 부끄러워요'라고 하는 것이 대화체 문맥상으로도 옳지 않을까 본다. 상사화 '너'가 아니라, 곧 화자인 '나'라는 의미가 더 맞지 않을까도 생각해 본다.

4. 『칠갑산 마을』은 품속의 고향 같아라

> 어느 봄날
> 칠갑산을 오르다
> 시린 발목 내민 작은 나무에 걸려 넘어졌네
> 신발은 저만치 벗겨져서
> 봄날도 내 발목을 잡는구나 생각을 했네
> 한 참 앉아 연산홍 봉우리 들여다보니
> 옆 켠 참상 수리 나무
> 산은 흔들리면 안 된다고
> 우직이 앞만 보라며 웃음 짓네
>
> 돌아보면 지난 삶들을 들추어
> 곰곰이 상수리나무 밑에 묻고 온다네
> 내가 묻어 둔 유적들이
> 알통 뿌리 저 아래로 박혀
> 지난겨울 나뭇잎 덮고
> 이제 푸른 옷 입고 맑은 산소를 내고 있다네

=박영순 『칠갑산 마을(1) : 어느 봄날』 전문

　칠갑산 작품은 모두 14개의 시제다. 곧 [칠갑산(1)]부터 [칠갑산(14)]까지 시제를 붙이면서 한 개의 [부部]를 형성하여 시인이 애정을 갖고 시상을 일으키고 있어 덩치 큰 무게감을 더한다. 칠갑산과 특별한 애정을 갖고 있었음을 알게 한다. 칠갑산은 산정에서 능선이 여러 곳으로 뻗어 있고 지천과 잉화달천이 계곡을 싸고돌아 7곳의 명당자리가 있다 하여 '칠갑산七甲山'이라 불린다고 전한다. '충남의 알프스'라는 별명이 있을 정도로 산세가 거칠고 험준하며 사람들의 발길이 쉽게 닿지 않아 울창한 숲을 그대로 간직한 훌륭한 관광자원 중 하나라 한다. 이런 칠갑산의 산수 속에 자신의 시상을 묻고 있음에 어쩌면 칠갑산과 함께 한 '칠갑산 여인'이 아니냐는 생각을 떨쳐 버릴 수 없다.
　이와 같은 시적 배경 속에 탄생된 '칠갑산 마을'은 시인의 고향과도 같을 것이라는 생각이 든다. 지난 날 칠갑산에서 낳고 자란 시인은 잔잔한 호수의 물안개를 헤집고 날갯짓을 하는 물총새처럼 마냥 비약하는 시적인 상상력을 만난다. 그래서 시인은 어느 봄날 무거운 발길을 담아 칠갑산을 오르다가 시린 발목을 내민 작은 나무에 걸려 그만 넘어졌다는 선경의 사상은 작지 아니한 멋을 더한다. 그런데 그만 신발이 저만치 벗겨져서 봄날도 시인의 발목을 잡는다는 생각에 잠깐 했으리라. 오랜만에 칠갑산을 오른 시인의 발목을 잡고 그게 어찌 그렇게 할 수 있겠느냐는 투정이라도 부릴 양이다. 시인은 가만히 연산홍 봉우리 들여다보았더니만, 상수리나무의 꾸지람에 놀란다. [옆 컨 참상 수리 나무 / 산은 흔들리면 안 된다고 / 우직이 앞만 보라며 웃음 짓네]는 선경의 시상이 후정과 함께 덜커덩 놓이는 모양이다. 연산홍 곁에 있었던 참상 수리나무의 꾸중 한마디를 듣고 정신을 바짝 차린 시인은 아마도 손을 싹싹 비벼면서 그동안 [참으로 미안했다]는 마음만을 연신 담았으리라.

화자는 그만한 꾸중을 달게 받겠다는 마음을 주섬주섬 담아가면서 지나간 삶들을 들추어 본다. '그래 맞아 내 얼마나 아끼고 사랑했던 칠갑산이었거늘 이렇게 잊고 지냈단 말인가'라는 한 마디를 내뱉으면서 곰곰이 상수리나무 밑에 그 정과 꾸지람을 묻고 온다는 후정 한 사발을 담아냈다. 그 언제인가 시인이 갈기갈기 묻어 두었던 유적들이 이제 알통 뿌리 저 아래로 박혀 있어서 지난겨울 나뭇잎을 덮고 있다는 소회까지를 시상과 함께 읊었다. 그랬더니 칠갑산은 '이제 푸른 옷 입고 맑은 산소를 내고 있다'는 자연에 감사하는 마음까지 감싸는 모양을 갖춘다. 칠갑산에 감사하는 마음을 담으면서 하산했으리 본다. 시어로 쓰인 연산홍에 대한 음미가 필요할 것 같다. 연산홍은 꽃색깔이나 모양이 철쭉과 비슷하다고 한다. 연상홍은 꽃이 맑은 분홍색이 주종인데, 철쭉은 색깔도 다양하며, 그 이름을 따라 연한 분홍색이 중심부가 철쭉에 비해서 티 없이 맑고 고운 꽃으로 불린다.

흐릿하고 칙칙한 날은
들판을 달려간다
거기에 김氏 노인이
몸져누워 있고
옆집 상국이가
풀꽃과 이야기하고 있다
노인 방에 들어서면

　　　　서까래 위
　　　　평생 묵은 때 자국 냄새가 있고
　　　　문풍지 깊숙이
　　　　아버지 향기가 있어
　　　　목요일 오후
　　　　출장 중 흰 종이 붙여 놓고
　　　　저물녘까지
　　　　빈 들판을 빙빙 돌아온다

　　　－ 박영순 『칠갑산 마을(13) : 가정방문』 전문

　위 작품은 칠갑산 김氏 노인 집과 아버지 향기가 묻어나는 들판이 시적인 배경이 되고 있다. 김氏 노인을 통해서 아버지의 진한 냄새를 맡고 싶어 하는 시인은 서정성이 담겨진 작품이다. 아버지 냄새를 맡고 싶을 때, 뿌듯했던 날을 은연중에 회고해 보고 싶은 충동적인 느낌을 받는다.
　이 작품에서 두 가지란 시상을 묻어 내려 했음으로 보인다. 하나는 알기 쉬운 직유적인 시적 덩치를 은유적인 시상에 묻고 있는가 하면, 둘은 쉽게 알기 어려운 시적인 덩치를 알기 쉽게 표현하면서 열릴 듯 닫힌 문으로 들어오는 시상을 작품 속에 꼭꼭 숨겼음을 알 수 있다. 시어는 주위에 있는 단어들을 쉽게 쓰면서 의미 있는 깊이를 내포할 수 있도록 내면의 세계를 내다볼 수 있는 안목 있는 작품이라야 한다는 점들이 보인다. 곧 작품을 곱씹어 읽고 또 읽어보는 가운데 시적인 감정 흐름이란 이입移入이 가능하도록 써야 한다는 점 때문이다. 따라서 이 작품은 무연無聯이면서도 이런 의미를 담고 있는 듯한 우월성이 돋보인 작품으로 보인다. 이 작품은 확연하게 세 단락으로 나뉘어짐을 살펴볼 수 있겠다. [흐릿하고 칙칙한 날은 / 들판을 달려간다 / 거기에 김氏 노인이 / 몸져누워 있고 / 옆집 상국이가 / 풀꽃과 이야기하고 있다 // 노인 방에 들어서면 / 서까래 위 / 평생 묵은 때 자국 냄새가 있고 / 문풍지 깊숙이 / 아버지 향기가 있어(다) // 목요일 오후 / '출장 중' 흰 종이 붙여 놓고 / 저물녘까지 / 빈 들판을 빙빙 돌아온다]라고 보았더니 작품이 더 편안해 보인다.

  시인은 위에서와 같이 연가림을 두지 않는 것부터가 독자들에게 '열독熱讀하라'는 메시지 한 줌을 주고 있으리라. 김氏 노인은 분명 실존의 인물이겠지만, 허구의 인물로도 볼 수가 있겠다. 상국은 이웃집 노인을 위로하기 위해 마치 동화책이라도 읽어 드리는 효도의 모범을 보인 전형이다. 평자가 연가림해 둔 '노인 방에 들어서면…'이하는 아버지에 대한 사랑이란 효심을 김氏 노인 집에 들리는 그런 장면들로 돌아가기 직전의 모습을 연상한다는 것이 이 시를 보는 평자의 판단이다. 그래서 시인은 흐릿하고 칙칙한 날에는 아버지에 대한 효심 때문에 들판을 달려간다. 같은 동네에 사는 김氏의 생활 태도 속에서 어쩌면 대리만족을 하는 것은 아닌가 하는 생각이 든다. 아버지의 과거 생활환경과 너무 흡사한 점이 많고, 그래야만 필름을 거꾸로 돌리듯이 아버지의 행적을 훤히 들여다 볼 수 있기 때문이겠다. 이런 가운데 화자는 목요일 오후라는 편안한 시간에 들판을 해매는 시간을 벌기 위해 직장 사무실에 [출장 중]이란 흰 종이 붙여 놓고, 저물녘까지 빈 들판을 빙빙 돌아온다는 화자의 입을 빌은 시인의 통절한 한 마디가 아닐까 본다. 깊은 효심과 박애의 사랑이 묻어나는 냄새를 맡을 수 있다.

5. 『바람 부는 날 푸른 편지를 쓰고 싶다』는 설렘을 안고

내 안에 큰 거울을 걸어 놓고
편지를 쓴다
정신없이 살다 보니
중년이 되어
세상을 골라낼 수 있는
그렇게 죽으라고
내가 옳다고 우겼던 것들이
이제는 알겠다

바람 부는 날에
편지를 쓴다
일이 얽힐 때 더욱 그랬다
간절한 감성의 편지를 쓴다는 것에
어머니가 된 후로
뿌리가 흔들리고 있음을 보았다
내 안에 거울을 닦는다

스스로
작정한 만큼이나
가랑잎 흔들리는 오후
문득, 떠 오른다
바람이 부는 날에
푸른 편지를 쓰고 싶다

바람 부는 날에는 마음이 설렌다.
머리카락이 나부끼고,
치마 휘날리기 때문만은 아니다.
춥고 어두었던 날

=박영순 『바람 부는 날 푸른 편지를 쓰고 싶다』 전문

시인은 이미 20대 아가씨의 마음으로 돌아가는 고운 무늬를 읽어낼 수 있다. 하필이면 어찌하여 푸른 편지를 쓰고 싶었을까? 푸른 편지는 푸른 기상을 품어 싱싱함을 엿보게 된다. 그래서 젊음을 푸른 날개라고 하지 않았던가 싶다. 자화상과도 같은 커다란 거울을 곁에 걸어 놓고, 자신의 넉살좋은 푸른 편지가 온 우주를 품에 안고 멀리 날고 싶다는 꿈의 날개가 곱게만 느껴질 수 있겠다. 다소 억지를 부리면서라도 자신의 생각이 옳았다는 판단이 설 수 있도록 꿋꿋하게 살았던 지난날도 생각할 수 있을 것 같다.

 시인은 첫째 연에서 자신의 안에 집채만 한 커다란 거울을 걸어 놓고 한 통의 편지를 쓴다는 시상은 많은 탄력을 받는다. 세상을 정신없이 살다 보니 시인의 나이 중년이 되었다고 하면서 이제 세상을 잘 골라내어 넉넉한 마음을 담아 골라가면서 죽었으면 좋겠다는 점을 피력했음도 알 수 있겠다. 푸른 편지 속에 푸른 마음을 감추어 두었다면 능히 죽음까지도 선택적으로 고를 수 있는 힘과 저력이 있다는 점을 떠올리는 시상의 멋이 보인다. 그래서 푸른 편지를 쓰겠다는 이상을 높이 든 시인은 '내가 옳다고 우겼던 것들을 이제는 알겠다' 는 쓰나미와 같이 지나는 한바탕 허무는 아닐 것이라는 생각이 든다. 이제 죽음도 선택이라는 한 마디가 스치는 것만은 아니리라. 시인은 다시 2연에서 바람 부는 날에도 꼬기작거리면서 편지를 쓴다고 했다. 이 편지는 일이 서로 얽힐 때 더욱 그랬고, 간절한 감성의 편지를 쓴다는 것은 젊었을 때도 그랬으며, 어엿한 어머니가 된 후로 늘 그랬음을 떠올리고 있다. 거울과 푸른 편지는 어떤 연관성이 있을까? 곰곰이 생각에 잠겨본다. 자화상처럼 자기를 되돌아보는 거울은 되돌림이요, 푸른 편지는 미래지향이라는 내일의 우리들이기 때문이겠다.

그래서 시인은 앞으로도 뿌리가 흔들리고 있음을 보았다고 하면서 그렇지 않기를 바라는 마음으로 내 안에 있는 거울을 맑고 곱게 닦는다고 했다. 조금도 흔들림 없는 자화상을 보기 위해서…

　화자의 미래지향적인 흔들림 없는 푸른 편지라는 메시지는 조금도 구김살 없는 영원함으로 불타야 한다는 염원을 간직했으리라. 아마 화자의 입을 빌은 시인은 그랬을 것이다. 화자는 스스로 마음으로 작정했던 그 만큼만이라도 가랑잎이 흔들리는 오후만 되면 '문득, 떠오르는' 하소연을 보내고 싶다는 충동감까지 느낀다. 그래 그것은 푸른 기상 속에 솟구치는 한 통의 편지 바로 그것이었을 지니 [바람이 부는 날에 푸른 편지를 쓰고 싶다]는 염원이었을 것이다. 편지를 받을 수신자는 누구일까? 화자가 사랑하는 사람 모두가 그 대상자는 아닐까 하는 생각이 든다. 아니겠다. 푸른 기상을 품에 안고 푸른 마음으로 살아가는 꿈 많은 사람들이었을 지도 모른다. 이와 같은 꿈을 간직하려는 시인은 화자의 입을 빌어 '바람 부는 날에는 마음이 설레다'고 하면서 머리카락이 나부끼고, 치마가 휘날리기 때문만은 아니라고 전제하면서 유독 춥고 어두웠던 날에는 더욱 푸른 편지를 보내고 싶다는 한 조각의 염원을 보내고 싶다는 소망 어린 생각을 가졌을 것은 아마도 분명해 보인다.

　　　　마른 나뭇가지 사이로
　　　　간밤의 기억들이 되살아나
　　　　나의 청각은 누워 있다
　　　　밤낮없는 하루 일과는

주사 놓는 일
알 수 없는 무력감에
낯익은 하늘을 올려 다 본다

구름도 층을 이루며
나름의 무늬를 가지고 있는데
오늘은 어떠세요 좋아질 것입니다
안정하세요
이것밖에는 말할 수 없는 오늘은
노출된 앵무새이다

- 박영순 『오늘은』 전문

  흔히 간호사를 '백의의 천사'라고 부른다. 총알이 빗발치듯 날아드는 전쟁터에서도 하얀 천에 붉은색 십자 마크를 달고, 다친 환자를 구하기 위해 동분서주하는 의사와 간호사는 아군과 적군을 망라하여 보호받는다. 그만큼 인간의 생명을 귀중하게 여기는 것을 가장 큰 목적으로 삼고 있기 때문이다. 어제도 안정, 오늘도 안정을 통해 환자의 병증세가 회복되면서 쾌유를 기원하며 그렇게 되기를 바라는 일을 맡은 백의 천사가 바로 그들이다. 흔히 환자를 대하면 입에 발린 말을 한다고 하여 '앵무새'란 별칭이 붙기도 했었지만, 똑같은 말을 반복한다고 해서 앵무새가 아니고 다른 호칭을 더 어찌 사용할 수가 없는 직업이다.

  시인은 일의 연속 선상에서 반복적으로 일을 하지만 조금도 흐트러짐 없이 자기 일에 충실한 직장인으로 사명감이란 충직성을 만난다. 마른 나뭇가지 사이로 간밤의 생생한 기억들이 되살아나서 '나의 청각은 누워 있다'는 환자 상태의 진단을 품에 안는다. 밤낮 없는 하루 일과는 '주사 놓는 일'과

환자의 안정을 제일로 여기는 소명의식 때문에 고심하는 모습이다. 이렇게 열심히 하고 정성을 쏟지만 때로는 알 수 없는 무력감에 쌓일 때도 있어서 낯익은 저 하늘을 올려 다 본다는 허탈함도 보이고 있다. 의사나 간호사의 뜻대로 환자의 호전반응이 나타나는 것만은 결코 아니다. 역반응을 보이거나 오히려 상태가 나빠졌을 때 생기는 무력감과 퇴행적인 생각을 하는 수가 더러 있다. 이럴 때 오는 무력감을 시인은 잔잔한 감동으로 시적인 영상을 떠올린다.

화자는 두 번째 연에서 반사적이며 반복적인 일을 하거나 말을 하기 때문에 자칭 앵무새임을 떠올리는 시적인 상관성을 보인다. 구름도 층을 두텁게 이룬 가운데 그 나름의 고운 무늬를 가지고는 있는데, '오늘은 좀 어떠세요? 이제 좋아질 것입니다. 안정하세요'를 반복한다고 했다. 환자들은 그 말을 몇 번을 들어도 싫지 않다. 말에 다소의 과정을 있을지언정 지루하거나 상투적인 말이라고 여겨지지는 않는다. 그래서 시인은 화자의 입을 빌어 앵무새 주둥이 어투를 또 반복하는 일에 여념이 없었음이라 보였다. 그리고 나서 화자는 상투적인 자기 허탈에 빠진다. 내게는 이것밖에 할 말이 없다고 하면서 다음을 되새김이란 의미 잃은 손짓을 보내기도 한다. [이것밖에는 말할 수 없는 오늘은 / 노출된 앵무새이다]라고 하면서… 세상 천하에 없는 명의(名醫)도 인간의 생명을 완전하게 책임지지 못할 바에야 시인과 같은 허탈은 하루에도 몇 번씩 반복적인 앵무새 역할에 늘 그렇게 허탈했음으로 보였을 것이다.

6. 『사랑받는 꽃이여! 박영순 시인과 함께』 영원하라

　박영순 시인의 첫 시집 「사랑받는 꽃」의 평설을 상재했다. 박 시인의 문학의 깊이가 어디에서 출발하여 어디까지 종착점인지 선뜻 구분하기 어렵다는 생각이 든다. 시적인 상상력이 깊고 두텁기 때문이다. 자연스런 돌출 과정이 시를 생성시키는 원동력이 된다. 본 시평은 시인이 설정하면서 각 부에서 2편을 골라 경景을 보는 시인의 입장에서, 정情에 감동했던 시상은 화자의 입장에서 취사선택했다. 박시인은 들었던 상황이나 보았던 정경을 내 것으로 가공해 내는 연마술은 가히 수준급이었음이 평자의 소회다. 다만 은유성에 바탕을 둔 상징성에 무게를 두면서 열공熱工(?)하여 작품 활동을 한다면 큰 대들보 시인으로 성장할 수 있을 것이란 생각을 굳이 감추려 하지 않는다.

　박시인의 작품 「망초꽃」 [바람이 일면 / 나팔 소리 들리는 고향으로 / 돌아가고 싶습니다]에서는 이와 같은 짧은 시의 전형을 보여주고 있다. 어느 시인은 「그 꽃」작품에서 [내려갈 때 / 보았네 / 올라갈 때 / 보지 못한 / 그 꽃]이라고 읊었다. 얼마나 많은 함축적인 의미가 숨어 있는지 알 수가 없다. 그리고 아주 작은 것이지만, 시의 맛은 '연과 연' '행과 행'에서 찍었던 '마침표와 숨표'의 역할도 매우 중요할 때가 있다는 점도 명심했으면 좋겠다. [시창작론]과 같은 책을 통해 '마침표, 숨표는 물론 말줄임표(…)'까지도 의미의 정확성을 알아서 활용했으면 좋겠다. 『사랑받는 꽃이여! 박영순 시인과 함께』 영원하라고 하면서…

　'시詩'라는 운문을 '평설評說'이란 산문으로 치환시키는 작업은 쉬운 일은 아니다. 문학의 장르를 뒤바꾸는 재창조라는 한

역사다. 평자는 평설을 쓸 때 가장 무겁게 생각하는 이유다. 그래서 시상의 굽이굽이가 차분하고 강열한 메시지란 시 주머니 속에 깊숙하게 스며있는 모습을 수면 위로 끄집어내 보였다. 시의 언어와 평설의 언어란 일치성에서 공감이 있을 줄로 믿어 의심치 않는다. 시와 시평은 언어를 통한 문학적인 예술품이라 했기 때문이다.

먼 훗날 [박영순시문학전집]이 5~10여권 정도를 한데 묶어 거듭 태어난다면, 그때 이 지면을 빌어 다시 만날 수 있기를 기대한다. 부디 박시인은 이어질 [제2시집]이란 옥동자를 껴안고, 앞으로 큰 시인으로 성장하길 바란다. 이 첫시집「사랑받는 꽃」한 권을 겨드랑에 끼고 칠갑산 중허리를 밟아 의젓하게 걸어가면서, 그때 그 '참상 수리 나무'에게 우직스럽게 앞만 보면서, 제2시집을 반드시 만들 것이라는 다짐이라도 한번 했으면 하는 염원의 소리가 이 평자의 귀에 쟁쟁하게 들려오기는 바란다. 지금처럼 이렇게… =◆=